Generis

PUBLISHING

Zéphirin Sah

SOCIETES ET CIVILISATIONS DE L'AFRIQUE NOIRE PRECOLONIALE

CIP a Camerei Naţionale a Cărţii

Sah, Zéphirin.

Societes et civilisations de L' Afrique Noire precoloniale / Zéphirin Sah. – Chişinău : Generis Publishing, 2020 (Print on demand). – 82 p. : fot. color.

Bibliogr.: p. 79-81. – Referinţe bibliogr. în subsol.

ISBN 978-9975-3318-4-5.

930.85(6)

S 15

Cover image: www.pixabay.com

Generis Publishing
Online orders: www.generis-publishing.com
Orders by email: info@generis-publishing.com

In Memoriam,

Sah Samba Joseph,

Ngavali Joséphine,

Nganourou Julienne,

Angani Alphonsine et,

Onka Keïta Alda.

Comme toutes les sociétés et civilisations des autres parties du monde, celles de l'Afrique noire précoloniale, s'illustrent par des aspects qui leurs sont propres.

Ainsi, la connaissance de ces sociétés et civilisations, implique une étude de la vie sociale tout entière pour découvrir le génie de ces peuples.

Une étude approfondie de ces structures permet de bien les pénétrer, les comprendre dans leur formation, leur évolution. Cela est d'autant plus important dans la mesure où, la société humaine est une formation complexe née de l'action réciproque que développent les êtres humains entre eux et aussi avec leur environnement. La connaissance profonde de ces sociétés et civilisations de l'Afrique noire précoloniale découlera dans ce cas, des hommes, de leurs activités, leurs rapports (organisation sociale).

Le but de cette étude est d'apporter une contribution à la connaissance de l'histoire de l'Afrique, longtemps laissée au bord du chemin par de nombreux chercheurs qui ont parlé de l'inexistence d'une histoire pour les peuples habitant ce territoire. Il s'agit en effet pour moi, de mettre en orbite les valeurs de ces sociétés et civilisations et de donner aussi un aperçu historique et anthropologique des principales œuvres du continent noir.

Ainsi, les jeunes générations de ce continent, leurs aînés et la postérité pourront-ils dire eux-aussi, comme le souhaitait Léopold Sédar Senghor lors du festival des Arts Nègres : « Etre nous-mêmes, en cultivant nos valeurs propres, telles que nous les avons retrouvées aux sources de l'art Nègre : celles-là qui, par-delà l'unité profonde du genre humain parce que nées des données biologiques, géographiques et historiques, sont la marque de notre originalité, dans la pensée, dans l'action ».

Mes années de recherche passées dans le champ de l'histoire et civilisation africaines m'ont donné la certitude de l'immense richesse de ce continent qui n'a pas fini de surprendre en ce qui concerne, les découvertes de tout genre qui font de lui, la matrice de l'humanité.

Je pense que le fait d'avoir un espace, une organisation sociale, économique et politique dans ses sociétés, est révélateur d'un *continuum* évolutif de l'humanité dans son ensemble.

Dans ce sens, l'histoire dont le but est la lecture globale du passé humain, exige une utilisation des sources de façon croisée, une combinaison des sources diverses. Cette démarche permet de reconstituer l'histoire de l'humanité depuis la haute préhistoire jusqu'à l'époque contemporaine.

L'histoire part donc de l'apparition de l'homme dans la nature et de sa praxis dans le monde, de la préhistoire à nos jours. C'est tout ce cheminement culturel de l'homme sur la terre et dont l'historien fait la lecture patiente et difficile que, Théophile Obenga appelle, le phénomène humain. C'est pour cela qu'Elikia M'bokolo affirme que : *celui qui ne connait passé vit mal le présent et n'a pas d'yeux pour l'avenir.*

Remerciements

Mes remerciements à Anna Rothman et toute son équipe pour le travail abattu dans la mise en disponibilité de cette étude portant sur les sociétés et civilisations de l'Afrique noire précoloniale. Trouvez ici, l'expression de ma profonde gratitude.

Nos remerciements aussi à mes étudiants de Master 2 Histoire-Géographie de l'Ecole Normale Supérieure de l'Université Marien Ngouabi (Congo), avec qui nous avons travaillé pour enrichir cette étude. Je leur exprime toute ma reconnaissance et leur souhaite plein succès dans leurs travaux de fin de cycle.

Toute ma gratitude aussi à mes aînés qui ont lu et apporter des contributions à notre manuscrit pour le rendre adapté aux exigences de la science.

INTRODUCTION

L'Afrique Noire se présente comme le berceau des sociétés dites primitives. De tout temps, elle a été longtemps considérée comme un espace dépourvu de civilisations. Certains auteurs sont encore allés plus loin, la présentant comme un continent anhistorique (sans histoire).

A l'écart de ce qu'on appelle souvent les « grandes civilisations », l'Afrique apparaissait comme une région sans histoire, un ensemble de sociétés primitives, restées à un stade élémentaire d'évolution. Tout le territoire situé au sud du Sahara apparaissait, à l'exception de quelques royaumes un peu mieux connus, comme figé depuis des millénaires dans un type de société préhistorique.

Aussi, les premiers vestiges d'un stade plus évolué de civilisation ont tout d'abord, que ce soit en Afrique occidentale, sur la côte est, au Mozambique ou au Kongo, été attribués à des populations venues d'ailleurs.

Jusqu'au XIXe siècle, les cartes d'Afrique donnaient de l'intérieur du continent une description parfaitement fantaisiste ou alors, plus honnêtement, se contentaient d'un espace blanc, aveu d'ignorance.

Cette image change progressivement ; elle dévoile un espace marqué par une évolution historique, par des unités politiques orientées vers un développement de plus en plus vaste, se faisant et se défaisant sous la pression de facteurs externes ou de dynamismes internes.

Pourtant elle a eu ses sociétés et ses civilisations qui ont légué un grand héritage à l'humanité.

Il est vrai que beaucoup de sociétés et civilisations d'Afrique noire n'ont pas encore fait l'objet d'importantes recherches approfondies. Les fouilles archéologiques qui devraient nous renseigner de façon précise sur ces sociétés et civilisations ne donnent pas encore des résultats attendus. Ce qui fait que pour le moment, nous nous contentons de quelques travaux des spécialistes et chercheurs qui se sont pencher sur l'histoire de l'Afrique, plus précisément sur le champs de l'étude des sociétés et des civilisations de l'Afrique noire avant le contact avec l'Europe.

Dans cette réflexion sur les Sociétés et Civilisations de l'Afrique noire précoloniale, nous étudierons essentiellement les sociétés traditionnelles de l'Afrique noire et les civilisations qui se sont affichées par leurs savoirs endogènes.

C'est pour atteindre l'objectif fixé que le plan de cette étude se présente comme ci-dessus annoncé.

Dès lors, comment se présente les hommes et les sociétés en Afrique noire ?

Que dire alors des Civilisations de l'Afrique noire précoloniale ?

Quels sont leurs aspects et pour quel héritage ?

Que dire alors de l'Afrique et de son histoire ? Et de son historiographie ?

Tels sont là, les différentes axes sur lesquels se penche cette étude.

Chapitre I

Hommes et sociétés en Afrique

En dehors des chaines atlasiques du Maghreb, l'Afrique est du point de vue géologique, un très vieux continent. Du Sahara à l'Etat du Cap, on trouve un socle typique, d'un vieux bouclier. Le Sahara, certes n'a rien pour les hommes d'un obstacle infranchissable. Il peut être traversé et contourné. Beaucoup d'Historiens ont établi l'existence de relations entre l'Afrique noire et la Méditerranée, dans l'Antiquité et surtout au long du Moyen Age arabe et à l'époque moderne. Tout au long de l'histoire, ce sont les hommes qui vont forger le destin de ce vaste ensemble. Il importe donc d'abord de savoir comment s'est fait le peuplement avant de voir les grands axes migratoires qu'a connu cet ensemble.

1- Histoire du peuplement de l'Afrique

L'état des recherches actuelles sur le peuplement de l'Afrique nous permet à peine d'esquisser l'histoire du peuplement de l'Afrique au sud du Sahara.

Cette histoire est faite pour le moment d'hypothèses plus ou moins solidement vérifiables, et appelées à être réajuster et confirmer au fur et à mesure que s'effectuent les nouvelles recherches[1].

L'une des hypothèses viables que nous pouvons retenir ici est celle-ci : au cours de l'évolution humaine en Afrique subsaharienne, certains groupes se sont individualisés, pour irradier ensuite, à un degré suffisant pour qu'on puisse

aujourd'hui, sinon grouper leurs descendants en une « race » ou tout au moins les déceler sous des formes différentes. Il semble qu'on puisse en

---

[1] Z. Sah, 2017, *Le peuplement du Bassin du Congo et son impact, le cas des Teke et leurs voisins Kongo et Ngala au Congo-Brazzaville*, Beau Bassin, Editions Universitaires Européennes (EUE), p.7.

identifier deux (2) que Vallois nomme par races en retenant les Khoisan et les Ethiopiens. Les Khoisan regroupent les Bochimans et les Hottentots.

Avec les autres populations d'Afrique subsaharienne, ces derniers ont ensemble pour traits caractéristiques proches, plus précisément dans le domaine de la génétique du sang, pour être regardés comme des descendants d'une souche commune à tout le sous-continent.

Les Bochimans sont localisés aujourd'hui dans la moitié septentrionale du Sud-ouest africain, le désert du Kalahari et l'extrême sud de l'Angola.

S'agissant des Hottentots, il n'en reste comme groupe individualisé que celui des Nama, dans le Sud-ouest africain. Avec les Bochimans, ces derniers ont occupé dans le passé un récent territoire beaucoup plus vaste, couvrant tout le sud du continent.

Les Ethiopiens regroupent, les Abyssins, les Somali, les Nubiens et les populations résultant de deux types de métissage d'un tel groupe : l'un par des Mélano-africains, l'autre par des Arabes.

Au sein de ces ensembles, on trouve de nombreuses composantes qui constituent des sous-groupes de populations.

2- LES GRANDES MIGRATIONS

Les migrations, du Latin, *migratio*, sont des déplacements temporaires ou définitifs d'une ou plusieurs personnes d'un lieu à un autre pur des raisons diverses[2].

Les migrations se présentent sous plusieurs formes : épisodiques, éphémères, saisonnières, temporaires et définitives. Elles peuvent être aussi des déplacements continuels, comme c'est le cas avec le nomadisme.

---

[2] Z. Sah, 2017, *Le Peuplement du Bassin du Congo et son impact, les cas des Teke et leurs voisins Kongo et Ngala au Congo- Brazzaville*, Beau Bassin, Editions Universitaires Européennes, p.7.

L'histoire de l'humanité nous enseigne que, la migration n'est pas la condition de l'homme moderne, mais celle de l'humanité toute entière depuis le début de son expansion.

La mobilité et la fixation des hommes en divers endroits, sont un long processus qui a toujours retenu l'attention de nombreux chercheurs.

Au fait, dans son ensemble, l'Afrique donne la preuve de sa participation à la vie paléolithique, mésolithique et néolithique. Les éléments de l'archéologie sont évoqués ici pour montrer le lien éventuel entre ces séries, les hommes de la préhistoire et les premiers occupants du territoire qu'occuperont plus tard les Bantu en Afrique centrale.

L'occupation actuelle de l'Afrique a suivi ce processus dans lequel on dégage différentes types de migrations dont celle des Bantu.

Les migrations Bantu constituent l'une des plus importantes migrations de l'Afrique noire. Le foyer de départ de ces peuples se situe dans la vallée du Nil.

Pour mieux étudier ces migrations Bantu, les hypothèses ne manquent pas en ce qui concerne les facteurs :

- La désertification du Sahara,
- Le boom démographique
- La recherche de terres fertiles pour l'agriculture…

Dans l'état actuel de l'enquête, l'Anthroponymie divise l'Afrique bantu en deux grands blocs :

- Le bloc A, au-dessus de l'équateur, le bloc B, sous l'équateur.
- Si on retient que le premier foyer où s'articula la culture bantu se situe au nord de l'équateur entre le Nigeria et le Cameroun, il n'est pas surprenant que l'anthroponymie de cette zone présente, d'un point de vue statistique, de grandes différences par rapport au bloc B où logiquement s'achève la formation de la

culture bantu et sur un habitat où avaient précédé d'autres hommes que les Bantu. Chacun de ces deux grands blocs se fractionne à son tour.

Les migrations bantu, provoqués par une explosion démographique, la recherche de nourriture, de nouvelles terres cultivables, ont été des migrations de masses, lentes, continues jusqu'à l'établissement définitif.

Ce qui fait dire à Ndinga Mbo :

> *On imagine que les mouvements migratoires bantu primaires ont suivi les cours d'eau, contourné la grande sylve équatoriale, Chassé les pygmées (Tswa) pour les refouler dans la forêt, [...]. Mais la forêt n'est pas impénétrable. On a trouvé des objets lithiques préhistoriques dans les zones forestières, en Afrique équatoriale, il existe des civilisations de forêt. Les peuples bantu migrateurs n'ont pas tous suivi les voies d'eau [...]*[3]

Les peuples du Bassin du Congo en général et ceux de l'actuel territoire du Congo-Brazzaville en particulier, ont connu 4 migrations successives qui vont apporter de nouvelles techniques, notamment des techniques agricoles.

Les migrations Bantu secondaires, vont se superposer comme des strates géologiques aux premiers habitats. Ce sont donc ces migrations successives qui vont peupler le pays. Puis la colonisation Française est venue généralement fixer ces populations. En se fixant dans le Bassin du Congo, ces hommes qui fuyaient devant la poussée des néolithiques sahariens, eux-mêmes chassés par l'avancée du désert, allaient être à l'origine d'une civilisation parmi les plus brillantes du continent africain. Leurs méthodes agricoles, leurs outils d'une facture avancée,

---

[3] A. C. Ndinga Mbo,1984, *Introduction à l'histoire des migrations au Congo, Hommes et cuivre dans le Pool et la Bouenza avant le XXe siècle, Brazzaville,* PK Verlag-Editions Bantoues, T1,p.31.

leurs industries allaient avoir une incidence sur la production, les rapports politiques et sociaux. A partir de là, ces peuples provoquèrent l'essor de nouvelles sociétés et l'édification de structures politiques élaborées, des royaumes au sud et au centre, les chefferies au nord.

Chapitre II

Les Civilisations de l'Afrique Noire

Dans cette partie, nous étudierons, les civilisations de l'Afrique noire subsaharienne en dégageant les grands traits de sociétés et de civilisations traditionnelles.

1- Aperçu sur le concept de civilisation

La civilisation est l'ensemble des modes de vie d'un peuple. Elle implique donc les manières de s'organiser d'un peuple sur tous les plans : social, politique, économique, intellectuel, religieux, cosmogonie…

Longtemps, la notion de civilisation opposait les peuples dits « civilisés », les Grecs, les Romains aux peuples non civilisés dits « barbares ».

Le concept civilisation n'apparait qu'au XIIIᵉ siècle et désignait l'état des habitants des grands centres urbains (villes) différents des campagnards (gens de villages).

Depuis la Grèce antique, la civilisation est unique et universelle. Celle-ci a pour socle, la Grèce, creuset de la civilisation occidentale.

Ainsi, les peuples dits civilisés ont le privilège et l'obligation d'apporter leur civilisation aux peuples dits primitifs.

C'est certainement cette façon de voir les choses qui poussa Hegel à qualifier l'Afrique d'un continent anhistorique.

Aujourd'hui, l'état de la recherche sur la question a démontré qu'il existe d'autres civilisations.

2- Les grandes aires de civilisations en Afrique Noire

A chaque peuple d'Afrique correspond une culture ou civilisation. Celle-ci évolue ensemble avec le groupe au contact des autres cultures.

Pour définir une culture, on se sert de plusieurs éléments parmi lesquels nous pouvons épinglé deux très capitaux :

- La langue et ;
- La croyance (religion)

2.1 La langue

La langue est un critère important dans la connaissance d'un peuple. Les parentés linguistiques établissent l'origine des peuples.

Dans ce sens la langue parait incontournable dans la mesure où de l'avis unanime, l'essentiel des sources de l'histoire africaine est constitué par les différents éléments ressortant à ce qu'il est convenu d'appeler la tradition orale. On sait aussi que la collecte systématique de ces traditions s'avère être une tâche d'une urgence extrême du fait de l'évolution rapide des sociétés africaines et de la disparition consécutive des chaînes de transmission[4].

2.2 La croyance (religion)

Dans les sociétés de l'Afrique noire précoloniale, le monde de la croyance est régi par la vision du cosmos. Par exemple dans l'une des sociétés de l'Afrique noire, Teke du Congo, les Küküa agissent et interagissent en fonction d'un système de représentation et de pratiques, une vision du monde et une symbolique de cette vision du monde et de ces pratiques qui les particularisent comme groupe humain.

 Ce groupe se fait une représentation du monde et de l'univers où ils distinguent le monde matériel, celui de l'action matérielle visible et le monde des esprits, *mikui*

---

[4] H. Deschamps (Sld), 1970, *Histoire Générale de l'Afrique de l'Afrique Noire, de Madagascar et des Archipels*, T. 1 des origines à 1800, Paris, PUF,p.

qui appartiennent à un autre ordre de réalités. Mais ces *mikui* avant de devenir de purs esprits avaient été des humains. C'est ce qui explique que même après avoir changé de vie, ils restent en relation avec les hommes, vivent à leurs côtés, les accompagnent dans leurs activités et leurs apparaissent en songe sous les formes d'humains qu'ils avaient autrefois.

Ce même univers où se meuvent les *mikui* est aussi celui d'êtres dont on ne sait pas très bien s'ils sont doués de conscience comme les esprits et s'ils ont une forme particulière. Ces êtres tout à fait particuliers mais doués de pouvoirs surnaturels sont ce qu'improprement on appelle génies. Esprits chtoniens, les küküa nomment ces forces *nkira*.

Les *ngaa* ou guérisseurs les invoquent régulièrement dans leurs recherches des causes de la maladie et dans le protocole thérapeutique qu'ils proposent.

Cependant le *ngaa* qui entre dans l'univers compliqué de la magie et de la sorcellerie invoque de préférence les *mikui* avec lesquels il signe un contrat.

 Georges Dumézil, cité par Théophile Obenga, présente cette vision du monde :

> *Cette vision n'est pas une construction philosophique abstraite sortie du cerveau de quelque philosophe ; mais c'est une conception globale de l'univers des forces qui l'orientent et sous-tendent, une sorte de vision réaliste, issue très vraisemblablement de l'expérience des hommes et des réflexions qui en résultent, sur les équilibres et les tensions, voire les inévitables conflits,*
>
> *nécessaires au bon fonctionnement du cosmos et de la société du monde des dieux et des hommes.* [5]

 Et Amadou Hampaté Ba de son côté :

---

[5] G. Dumézil, 1979,la découverte des indo-européens .cité par T.Obenga , p.148.

> *Nous pouvons constater et affirmer que la conception du monde y est basée sur l'unité fondamentale de toute chose.*

> *Le tout est dans chaque brin comme chaque brin est dans le tout. Cette conjoncture existentielle lie et rend interdépendante tous les êtres, et cela à tous les*

> *niveaux : visibles et invisibles, sensibles et insensibles du cosmos* [6]

Dans ce même ordre d'idées, Mulago –Gwa ne voit pas les choses différemment :

> *La philosophie de l'homme Muntu (l'homme noir en général) écrit-il s'intègre dans la religion et inversement. Sa philosophie comme toute sa vie est religieuse, et sa religion est une philosophie vécue* [7].

Au-dessus de cet univers des esprits chtoniens existe, le dominant totalement, puisque c'est lui qui crée, *Dzami*. Il est tout puissant, un peu lointain, de sorte que on ne l'invoque que lorsque le recours aux esprits chtoniens aussi bien qu'aux *mikui* qui sont ses intermédiaires s'est avéré vain. Alors on invoque *Dzami*.

Ces paroles illustrent bien ce recours des küküa à l'être suprême :

Ndzaon dion yabi, ce qui se traduit par, Dieu seul sait. Ou encore *liwa muo ku Ndzami*, remettons tout à Dieu, *Ndzaon dion*, pour le prendre à témoin. Cette parole s'accompagne le plus souvent d'un geste de l'index de la main droite sur le sol qui est ensuite passé horizontalement sur la gorge et pointé après vers le ciel avec ce bout de phrase, *Ndzaon dion*, c'est-à-dire au nom de Dieu. Le *Ndzaon* est le dernier recours. Dans cette société küküa, il ya seulement et encore tous les jours

---

[6] Amadou Hampaté Ba ,religions Africaines comme source de valeurs de civilisations, colloque de Cotonou, Présence Africaine ,Paris ,p65 -87 .

[7] Mulago-Gwa, 1965, la *religion traditionnelle des Bantu et leur vision du* monde, Kinshasa ,Université Catholique, p12.

ce culte aux esprits et aux esprits chtoniens qui somme toute est une adresse à ce qui est la portée de l'homme.

Ainsi, le *mpu* constitue l'ensemble des forces invisibles qui régissent les hommes et qui n'est nulle part sinon partout : sur terre et au-delà de la terre, partout.

Ensemble qui doit être la beauté, la pureté de la nature visible et mystère du vent, de l'air qui fait bouger les feuilles, lui-même invisible et silencieux

A ce propos voici ce qu'écrit Ebiatsa-Hopiel-Opiel :

> *tous les éléments de la croyance cohabitent. Un seul individu peut utiliser telle ou telle face du sacré suivant ce qu'il désire. Il n'y a point de barrière étanche entre ces deux sacrées car aucune force ne se trouve repoussée vers la périphérie de la vie sacrale au pont de constituer une catégorie isolée. L'homme passe ou peut passer d'un sacré à un autre et son énergie spirituelle s'y accommode facilement*[8]

Le teke-küküa est alors inséré dans les rapports entre les génies ou divinités surnaturelles dites *nkira*, les ancêtres appelés *mikui* et les vivants *bari*.

Les rapports entre ces catégories sont basés sur l'échange.

Il s'agit en réalité d'un commerce permanent et efficace entre les entités principales que sont le visible et l'invisible, sur la base d'une offre périodique de nourritures de boissons, de sacrifices des vivants aux divinités, une reconnaissance de leur souveraineté en retour de laquelle les teke-küküa jouissent d'une protection et d'un degré satisfaisant de prospérité.

Nous pouvons dès lors rejoindre J. R. Mokaka qui, parlant du lien entre les hommes et les ancêtres affirme :

---

[8] E.Hopiel-Opiel, 1986 ,Histoire et Rituels .Mentalités et Croyances Ancestrales Nzi ,CIERAN ,Université Paul Valéry ,Mompelier II ,p.22 .

> *Ils apparaissent à la fois comme tutélaires de leurs descendants et comme gardiens des traditions familiales. Sur le plan pratique, il existe une sorte de soudure assurant l'existence des deux parties ; les êtres humains se référant à leurs ancêtres. Ils les honorent au moyen des rituels, de prières et d'offrandes appropriées.*
>
> *Pour solliciter leur bienveillance : les ancêtres couvrent leurs descendants de bénédictions et de protection contre les mauvais esprits, et punissent ceux qui vont à l'encontre de la tradition.* [9]

Le küküa est en relation avec les différents secteurs de l'univers de sa représentation, avec les *nkira*, avec les *mikui*, avec *Ndzami*. Avec tous il a noué alliance. C'est la rupture de cette alliance qui est cause chez lui de déséquilibre physique et donc de maladie.

Un bon *ngaa* dans la recherche de l'étiologie de la maladie a souvent identifié comme étant la cause de la maladie de celui qui le consulte la rupture de cette alliance avec les *mikui*, avec les *nkira*, dont les répercussions sociales au sein du groupe ne tardent pas.

Dans le système de représentation küküa, le monde est un monde pan structuré de sorte que ce qui se passe dans une dimension de ce monde a des répercussions sur les autres dimensions de ce même monde. Ainsi l'univers des humains est articulé à l'univers des *mikui* et des esprits chtoniens dans le voisinage des quels se tiennent les esprits méchants des sorciers. Ce quartier des *mikui*, des esprits chtoniens et des mauvais *mikui* articulé au dernier quartier, d'en haut, celui où habite *Ndzami*, Dieu.

Le culte des ancêtres, les rites propitiatoires et les offrandes ont pour but de recouvrer la santé et l'ordre perturbé. C'est dans le renouvellement constant des

---

[9] J. R.Mokaka , La religion traditionnelle Africaine , Colloque de Cotonou .

rites et des cultes traditionnels que la famille ou la société fonde l'espérance de survie.

On peut donc comprendre que la maladie est un phénomène social et moral ou la responsabilité loin d'être individuelle a plutôt un caractère collectif.

Dans cet univers, les lieux abritant les *nkira* sont représentés par des forêts, des cours d'eau, lacs et monts qui sont des endroits sacrés et on ne peut s'y aventurer sans précautions ou encore y couper la végétation, y faire la chasse ou la pêche sans se soumettre aux lois et prescriptions préétablies par les ancêtres.

Par ailleurs, il ait des cas ou la responsabilité d'une maladie demeure strictement individuelle même si le trouble causé par un tiers affecte l'ensemble du groupe lignager ; ceci apparait dans le cas de l'agression ou encore dans le cas d'un enfant qui néglige ses parents et qui s'attire sur lui des malédictions.

Les jeteurs de sorts *baloki* (sing. *muloki*), mangeur d'âmes, sorciers sont à la base de la maladie vécue comme le résultat d'une agression par ces derniers.

Une telle maladie traduite, est l'expression des rivalités et des tensions dans une société ou les individus doivent toujours s'affronter pour réussir.

L'arme du combat utilisé par ces agresseurs est le *buti*, médicament fétiche.

Mais on n'y rencontre une autre espèce de *buti*, celui-là bienfaiteur utilisé pour la protection, la cohésion, la survie et la prospérité du groupe tel le *ncobi* ou le *Nkoue-mbali* des seigneurs et rois teke.

Le Nkoue-mbali est par nature le *nkira* supérieur. Les küküa connaissent entre autres *nkira*, *nga:suku* qui se présente sous plusieurs formes : ce *nkira* apparait dans un endroit sous la forme d'une jolie femme, disparait et réapparait dans un autre endroit sous la forme d'un jeune garçon ou encore sous la forme d'un vaurien.

Jérôme Ollandet qui s'est penché sur le *nga : suku* qui fut en pays küküa un véritable culte populaire note :

> *Le nga:suku est à la fois un culte populaire et une croyance. C'est le culte rendu à un ancêtre immolé aux temps immémoriaux pour le salut de tout le groupe.*
>
> *Le sacrifice initial lui –même aurait été à la base d'une alliance dont on ignore aujourd'hui l'objet exact.*
>
> *L'histoire traditionnelle ne donne aucune référence pour le lieu du premier sacrifice ni même le nom du premier ancêtre qui le fit. Ce n'est qu'à travers les faits humains que cette croyance a pu être conservée ...quand tout le monde observe les règles de Nga:suku, les terres sont riches, le gibier abondant et la santé générale assurée.* [10]

Plus loin le même auteur ajoute :

> *Ces apparitions répétées indiquent que des actes ont été commis sur ses terres. C'est une forme particulière de communication que prend la déesse pour s'adresser à son peuple. Par ce geste elle lui rappel ses devoirs.*
>
> *Pour mettre les hommes dans la grâce de leur protecteur, son prêtre convoque le mukwu a ntsie qui est une réunion générale de tous les chefs des grands lignages.*
>
> *La conjuration doit tracer les nouveaux interdits à observer.* [11]

Dans la semaine teke-küküa, il y a des jours réservés au culte et à la vénération de cette divinité.

Il s'agit de *mpika* et *budzuka*. En cas de décès d'un chef, il est décrété une période de neuf jours ou hommes et femmes ne doivent pas vaquer aux activités quotidiennes comme les travaux champêtres, la chasse, la pêche et la cueillette.

Chez les küküa le chiffre 9, *wa* est sacré, d'où l'obligation de respect des jours décrétés.

---

[10] J.Ollandet, 1981, contacts Teke-Mbosi,Mompellier ,p501-509 .
[11] J.Ollandet, 1981, *idem*, p510.

Et ceux qui tentaient de braver cet interdit sont saisis par les esprits qui leur infligent des supplices.

Il arrive que ceux qui passent outre ces interdits disparaissent. Ceux qui arrivent à confesser leur gêne sont confiés au *ngaa* devin qui doit œuvrer pour chasser ces esprits.

Tout devin détient donc ce pouvoir du monde surnaturel et dispose d'une double vue qui lui permet de voir les réalités du monde supra naturel comme le dit J. R. Mokaka :

> *Grâce au don reçu, à la sensibilité, à l'esprit qui le possède et aux techniques qu'il maîtrise, il entre en contact avec les puissances surnaturelles, par sa connaissance des réalités occultes, il obtient des réponses aux questions posées par ses « clients consultants » ; il interprète, il leur désigne les remèdes ou la marche à suivre.* [12]

Une des rares généralisations valables que l'on peut exprimer à propos de l'ensemble de l'Afrique noire est qu'on y croit en un être plus puissant que les nombreux autres êtres du monde invisible : esprits des ancêtres, forces naturelles personnalisées…Monde invisible qui est à l'origine du monde et le maintien dans l'existence.

> *connaissance des réalités occultes, il obtient des réponses aux questions posées par ses « clients consultants » ; il interprète, il leur désigne les remèdes ou la marche à suivre.*
> [13]

Les Européens, et particulièrement les Missionnaires chrétiens, ont posé beaucoup de questions à son sujet ; partant des conceptions philosophiques et théologiques occidentales de la divinité, ils cherchaient à voir en quelle mesure les croyances africaines s'en rapprochaient ou s'en différenciaient.

---

[12] J.R.Mokaka ,*op.cit.*p 179 .
[13] J.R.Mokaka ,*op.cit.*p 179 .

A partir de ces contacts, les différents courants religieux pénétrèrent l'Afrique : Le christianisme, le judaïsme, l'islam et les religions de l'orient…Les contact des cultures donneront naissance aux mouvements syncrétiques (ensemble des pratiques tradi-moderne).

3- Les autres éléments

Il s'agit essentiellement des éléments de la vie quotidienne en société c'est-à-dire les éléments de l'organisation sociale : habitat, alimentation, activités culturelles, recherche du bien-être, modes de pensée, vision du cosmos, lutte contre les dangers, lutte pour la survie…

3.1. Le système de parenté

Il est clair de noter que c'est au sein du système de parenté que tout se règle et prend sens. Le système de parenté est un ensemble de liens provenant soit de la consanguinité (parenté naturelle ou biologique) soit d'un système de relations symboliques. Dans cette parenté Nzikou, le régime de filiation est essentiellement patrilinéaire, c'est-à-dire que l'enfant entretient un lien privilégié avec son père et le groupe de son père. Ce système est beaucoup plus répondu et concerne une partie plus importante des populations. Ainsi, le rôle de l'homme, entant que père, est intégralement reconnu, aussi bien dans les familles restreintes que dans les groupes de parenté.

Et d'une façon générale, toutes les institutions sont axées sur sa personne. La filiation établissant dans la ligne paternelle, les enfants nés des mariages des hommes du lignage appartiennent à celui-ci et sont soumis à l'autorité de leur père. Cette conception s'explique par l'ampleur de l'autorité et des pouvoirs du père sur les enfants. Il importe de signaler que le père des enfants joue un rôle très important et a une grande autorité sur ceux jusqu'à sa mort. Le père peut faire travailler ses enfants dès qu'ils sont sortis de l'enfance. Il peut les punir et les corriger physiquement s'ils se conduisent mal. Selon les caractéristiques de ce système, il est logique que le patrimoine et les attributions du chef de famille qui vient à décéder soient dévolus dans la lige paternelle : en absence du frère du père, c'est le fils ainé qui hérite de son père. [14]

Ce groupe s'inscrit dans un autre groupe plus large qu'on appelle clan (*Iburu*)[15]. Considéré comme un ensemble de plusieurs familles, le clan forme un groupe de parenté plus large. Le clan comprend tous ceux qui considèrent en vertu d'une relation généalogique présumée et indémontable tels que les descendants en ligne directe, soit paternel (*patriclan*) soit maternel (*matriclan*) d'un(e) ancêtre commun(e) légendaire ou mystique. Les membres qui appartiennent à un même clan sont considérés comme unis par les liens de sang et les liens économiques (propriétés collective de l'espace vital) Rien ne peut changer le clan, pas même le mariage.

Les clans tékés se caractérisent par un nom, un siège, une devise et un totem. Le totem est représenté soit par un animal, soit par un arbre. L'animal totem est une force qui garde le clan que tout membre du clan doit le respecter sinon des conséquences graves peuvent conduire à des maladies voire la mort. Ce totem protège le clan, et assure sa prospérité.

---

[14]J. Itoua, 2017-2018, *sociétés et civilisations de l'Afrique noire précoloniale*, UMNG/ENS/MASTER, P16.
[15] E.O. n° 1

Fig. 1

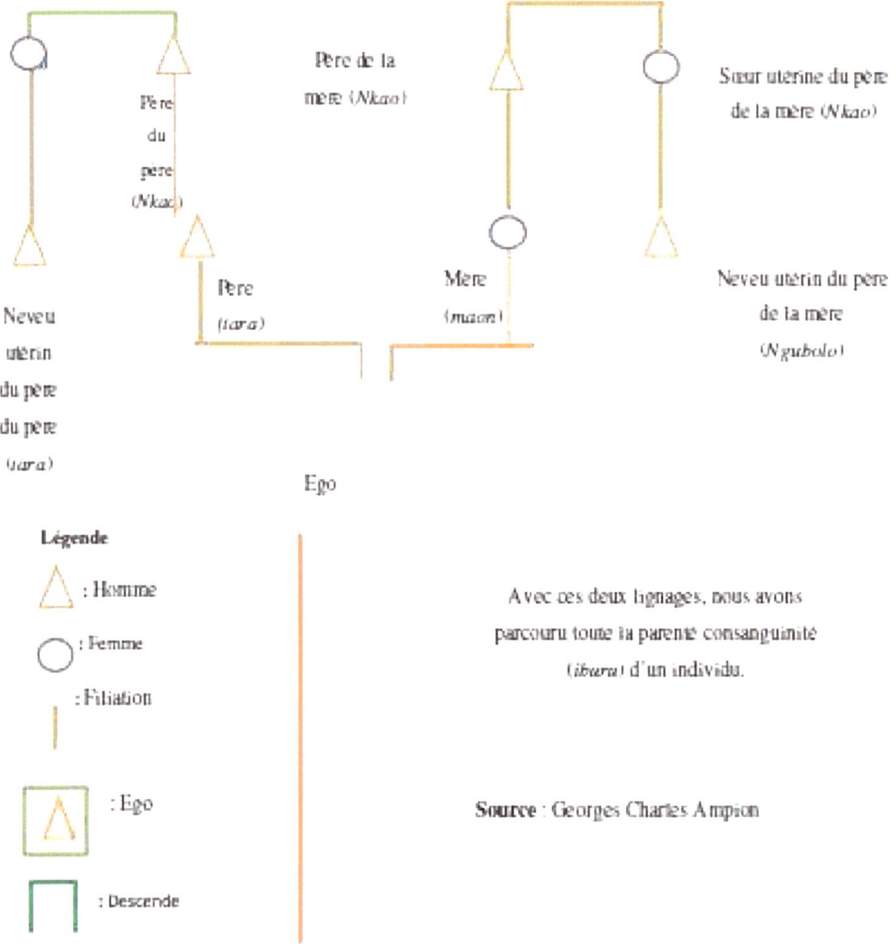

L'on retient que le système de parenté dans la société traditionnelle téké se modèle autour de plusieurs maillons et se base sur la reconnaissance et se base sur des liens de sang et des liens du mariage, qui unissent un ensemble de personnes Ces liens engendrent un réseau complexe de rapports entre des personnes de différents âges, rapports qui sont basés sur des droits, devoirs et obligations explicitement définis et régis par des normes et des prescriptions parfois très strictes.

Le système de parenté fonctionne en faisant attention aux alliances qu'il engendre. Dans la société téké, le mariage reste l'élément central de mise en œuvre de la parenté. C'est grâce à celui-ci que les groupes lignages nouent des alliances sures et dynamiques. Les liens de mariage sont sacrés et élargissent la famille dans chaque famille, chaque individu a le monopole d'être parent et dirigé par un chef de lignage.

Le personnage le plus important dans le lignage du père de la mère (*Nzo tara nguu*), il est humble et vie en beauté avec ses petits-fils y compris leurs épouses. Le parcours de cette relation est double dont il diffère la manière vivre envers les autres. Dans le procès social, tout lignage prend sous un autre rapport la forme de « *Nzo tara* » : lignage du père. Tandis que le lignage Ego se trouve inclus dans le lignage de la mère. La base de tout individu est formée sur ses quatre parents privilégiés à travers le quadrilatère. Le père, père du père, père de la mère, sont extérieurs à Ego, masculin ou féminin. Chacun d'eux part d'un *Nzo* matrilinéaire.[16]

Dans le système de parenté des Téké le chef de la maison détermine la dévolution des biens, fixe les droits les prérogatives, les devoirs de chaque membre du groupe, négocie les alliances et contrôle l'accès de la terre où il est le représentant des ancêtres. Tout part à partir du groupe de filiation constitué par un ensemble de consanguins ou du chef de groupe lignager. Enfin, la parenté téké comprend le côté paternel ou les parents agnatiques et le côté maternel ou les parents utérins. Etant composé, par ordre généalogique, le système de parenté commence de la première génération qui sont les arrières grands parents, jusqu'à la septième génération : les arrières arrières petits fils.

---

[16]C. George Ampion, 2017, *mémoire de Master, La parenté dans l'espace sociale des teke du centre (Congo) du XVIII au XIXe siècle.*

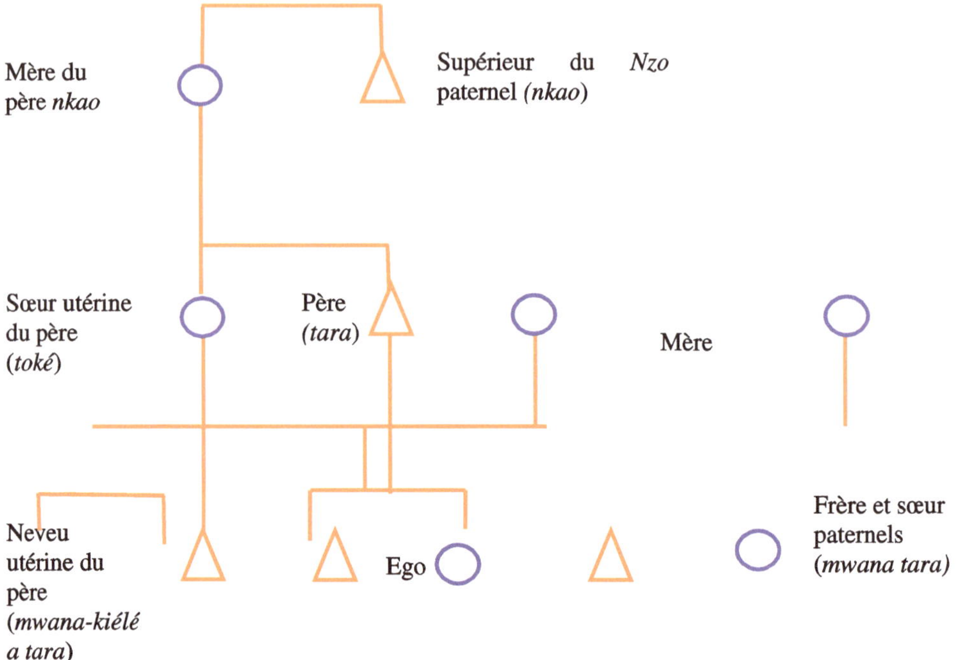

Source : Georges Charles Ampion

Dans la société téké, le système lignage comprend deux sortes de parentés à savoir : les parents issus du sang et les parents par alliance. Contrairement au sens restreint, la famille regroupe les grands parents issus du sang « *a-nkao* », le père « *tara* », la mère « *maon* ou *ngu* », les enfants « *baana* », les petits fils « *a-tiolo* » leurs arrières petits fils « *a-nkao-Nga-tio.* »

Fig. 3 : *Nzo* **maternel** (Le matriarcat chez les Teke du Congo)

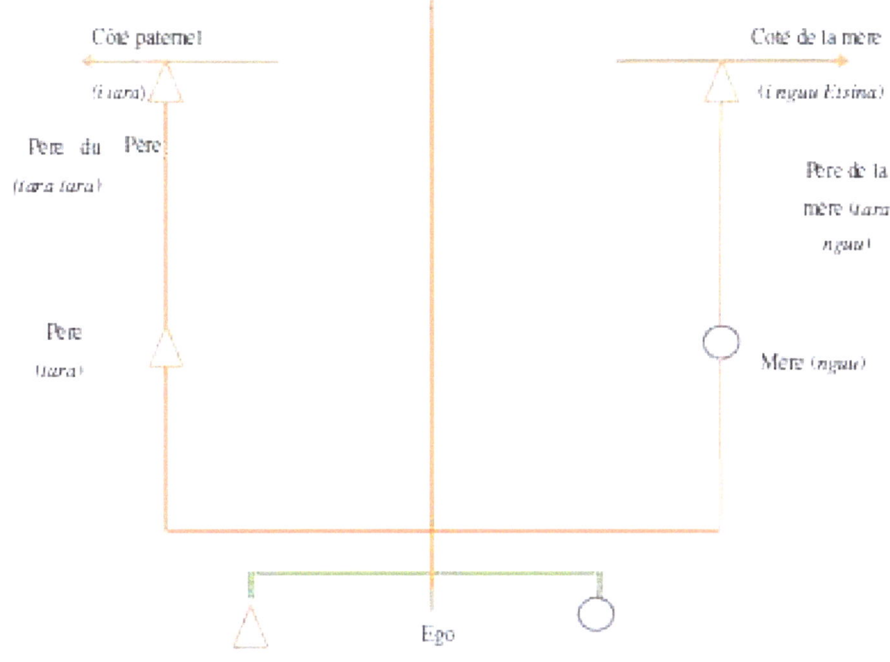

Source : Georges Charles Ampion

La famille élargie rassemble tous les parents du lignage paternel « *Itara* » et ceux du lignage maternel « *Etsina* ».

C'est à partir du père et de la mère, deux branches parentales vont rentrer en jeu. Ainsi la famille paternelle est « *Nzo.a-tara* » : ensemble des parents du côté paternel d'un individu. La famille maternelle *Etsina* est l'ensemble des parents issus du côté de la mère de l'individu. Mais lors du mariage d'une fille, les deux cotés maternel et paternel doivent être représentés. Lorsqu'il s'agit de partager l'héritage du grand père, tous les petits fils ont les mêmes droits (enfants des filles et des garçons).[17]

---

[17] *Op.cit., p* 24.

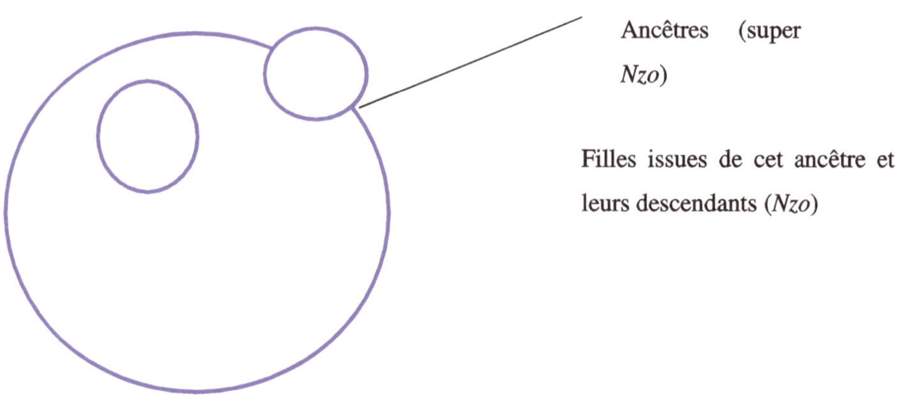

Source : Zéphirin Sah

Les Teke rassemblent les deux systèmes de filiation. D'où l'individu obtient des aspects sociaux précis de chaque côté : nom de famille, droit, devoirs, statuts. Ace niveau, plusieurs théories sont annoncées par une simple démonstration. S'agissant la filiation matrilinéaire, deux explications sont plus avancées ; l'enfant reste toujours une œuvre de la femme on le portant dans son ventre pendant neuf mois. Contrairement à la filiation matrilinéaire, celle de patrilinéaire, l'individu appartient au groupe parental consanguin de son père. La théorie veut que l'apport masculin dans la conception du spermatozoïde soit seul à l'origine du fœtus. Nous pouvons dire que les enfants proviennent du père, c'est ce dernier qui fournit des efforts afin que l'enfant ait de l'existence sur la terre.

Fig 5 : Diagramme du système de parenté chez les Azynziu, Teke du Congo

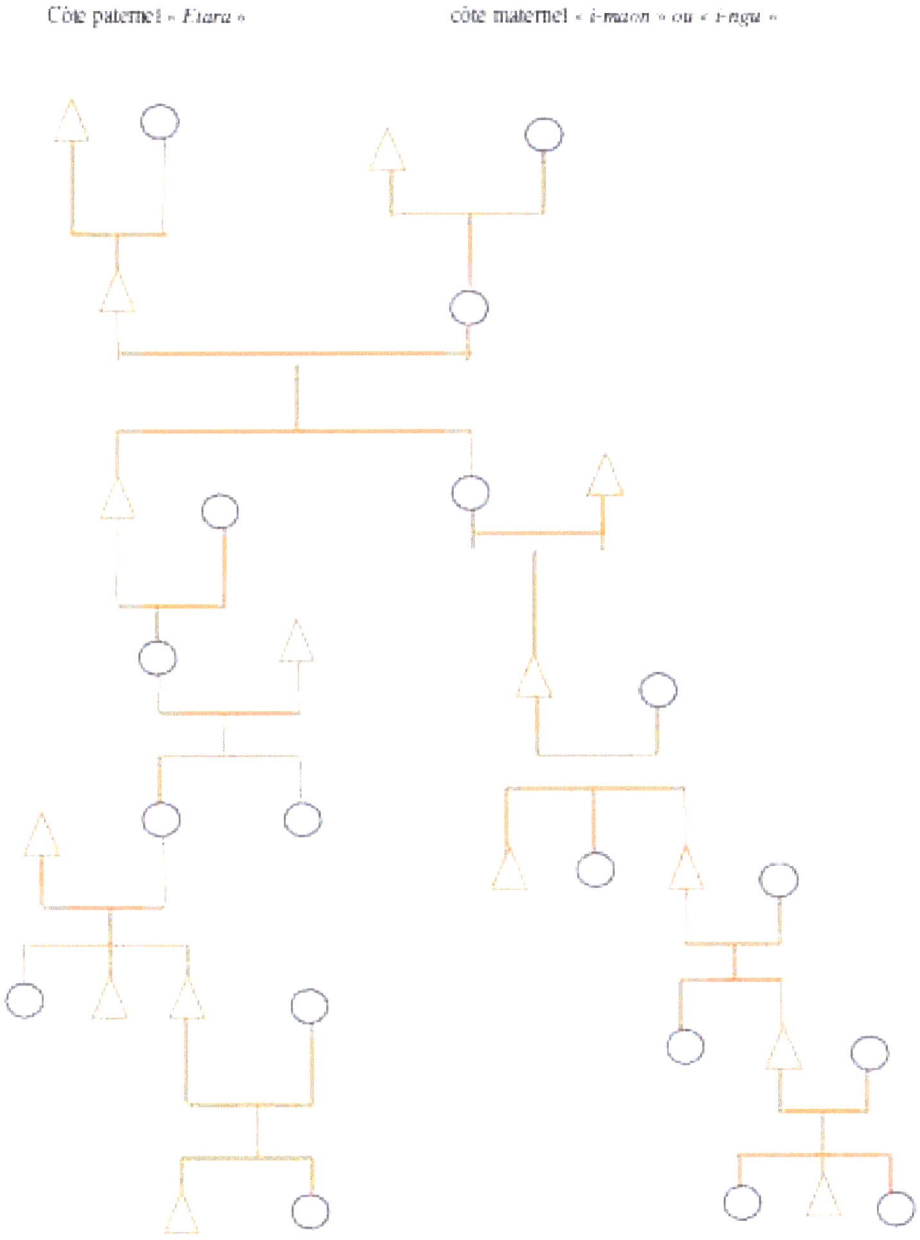

Pour bien comprendre ces éléments de la vie quotidienne, nous pouvons retenir ici, le cas de la socialisation de l'enfant (fille et garçon) chez les Küküa, un des sous-groupes teke du Congo dont nous avons consacré de nombreux travaux

L'initiation est un mode d'intégration à un groupe social et la plupart du temps elle coïncide avec les âges de la vie, notamment avec les passages de l'enfance à l'âge adulte. C'est un processus de socialisation des jeunes qui peuvent rassembler en classe d'âges passer un temps plus ou moins longue, en dehors du village. La lecture du mémoire de Jean-Jules Motsara[18] nous a mieux permis de comprendre ce long processus de socialisation de la jeune fille dans cette société. Cette initiation est jalonnée d'épreuves et de rites qui préparent les candidates à la vie de femme et d'épouse. Sur l'importance des rites dans la vie des jeunes initiées, J. F Yekoka (sld.) affirme :

> *D'important rites traversent la vie quotidienne des composantes culturelles bantu…Ces rites confèrent au mariage l'essentiel d'éléments symboliques, sans lesquels celui-ci ne saurait incarner les vertus de la vie sociale. En d'autres termes, les rites donnent au mariage toute sa signification sociologique, toute sa complexité. C'est par eux sans doute que le mariage recouvre toute sa sacralité[19].*

En effet, sorti de l'enfance à 12, 13,14 voire même 16 ans, l'enfant est prêt pour l'initiation ou il reçoit de ses maîtres des enseignements portants sur la connaissance de la société et de sa culture dans l'aspect théorique et pratique chez les küküa

Le *nkira* est véritablement un rite d'initiation féminin chez les küküa au cours duquel les femmes vénèrent un esprit des eaux appelé lui aussi *nkira*. Cet esprit les possède. Il s'en suit chez elles montée de la fièvre, des maux de tête et des transes, dans ce cas on dit *u bali utswa* ou encore *anvi u nkira*, c'est-à-dire la personne est

---

[18] J. Motsara , 1974, *Le développement de l'enfant dans la pensée traditionnelle küküa*, U. M. Ng., Ronéo.
[19] J. F. Yekoka, S. Kidiba et A. Lembikissa, *op. cit.* p. 70

possédée par le *nkira*... Ainsi les rites de passage relancent l'action individuelle et sont parfois une des manières de donner sens à des moments de crise à travers des actions qui sont pensées avec les autres.

Pour les parents les contribuent à préparer la jeune fille à sa vie de femme .ses tantes et les sages-femmes par exemple qui l'initie à l'art sexuel, aux soins intimes, aux rapports sociaux avec les futurs beaux-parents et avec le futur mari.

 En vue de la santé toujours les adolescents reçoivent spécifiquement une formation initiatique, elles sont initiées au *nkira*, esprit de eaux de qui elles apprennent les principes essentiels pour la construction de leur future vie de

femme adulte. L'objet de cette initiation est d'endurcir le corps, l'organisme contre les agressions naturelles et extérieures et d'autre part c'est d'obliger la jeune fille, future mère a rester pure. La virginité de la jeune fille est essentielle dans son rôle de production des autres vies humaines. Par exemple, pour les basolonga du bas Congo (RDC), les rapports sexuels avant le *kikumbi* rendent la jeune fille souillé ou impure. En effet, dans le souci du maintien de l'homme ou de la femme küküa en bonne santé, intervient un rite fondamental à dimension mystique. On prélevé un bout du cordon ombilical de l'enfant dès sa naissance, on le sèche dans une coupe de calebasse ou on le place dans une statuette, cette opération symbolise la liaison de l'être humain avec l'espace du foyer, l'espace du village protecteur des ancêtres. Le tout voulant signifier la liaison de tous les univers en rapport d'imbrication avec l'univers ou vit l'être humain.

La survie de l'homme aux moyens des rites indique l'étroite liaison entre l'homme, le groupe parental, les ancêtres, le groupe social villageois, le monde qui l'entoure et les forces surnaturelles.

Dans le contexte socio-cultuel chez les Küküa, les rites initiatiques sont d'une grande importance de ce fait, ces derniers préparent la jeune fille à devenir mature après avoir passé un temps d'initiation dans un cadre bien précis. On note ici que dans l'initiation on respecte le sexe de néophytes, ce qui fait qu'on initiera les uns pour le mariage et d'autres à être de vrais adultes ceci, en étant passé par une mort symbolique pour marquer ce passage. C'est ainsi que certains accidents à la connaissance des secrets des clans. La connaissance de ces secrets permet ainsi à la jeune fille et aux autres de connaitre la gérance de ce patrimoine culturel et qui dans la société küküa, servira de modèle pour mieux leur société et bien la gérer selon l'initiation qu'on a eue au départ.

Ceci aussi permet d'entrevoir une certaine correction des mœurs, d'être plus responsable dans la gestion des biens et des personnes. Ainsi cette bonne éducation reçue à la base dans la société Küküa va permettre à la jeune fille de voir qu'il faut des personnes vertueuses pour bien faire marcher la société. Dans le contexte politique, les rites d'initiation chez les Küküa concourent à une bonne gouvernance du peuple par ses dirigeants si on prend le cas par exemple du royaume téké dans l'organisation politique, le rite d'intronisation après sa nomination, le futur souverain ne devient effectivement roi que s'il a subi l'épreuve de démonstration du mérite personnel, l'épreuve du confère l'approbation du peuple, la bénédiction des ancêtres et du Nkwe-Mbali.

Emmanuel Adzou, François Ewani, Mutamba-Ma-Kombo et Jérôme Ollandet décrivent cette cérémonie d'intronisation du roi Makoko ou Onko qui dure neuf jours au cours desquels se succèdent des rites font du sacre à la fois une cérémonie religieuse et un acte politique. Des rites spéciaux dont les effets sont de transmettre au roi les pouvoirs sont officiés par plusieurs dignitaires spécialisés :

- Le dignitaire appelé Mapiele doit faire boire au roi l'eau sacrée du Nkwe-Mbali de la source de la Léfini. Pendant tout son règne, il ne boira que cette eau;
- La première femme du roi est appelé reine, Ngassa femme légitime qui aura droit de partager ses honneurs lors des solennités;
- La deuxième femme du roi est proclamé wafuntière. Elle reçoit le pouvoir de préparer le repas du roi sous la protection mystique Ngantsibi. Il convient aussi de souligner que cette période de réclusion, le roi subit une initiation à son rôle dans les moindres détails, sur le plan temporel et surnaturel. Ce sont deux grands

personnages du royaume, portant le titre de Mutiri et Ngantsibi qui l'initie. Voilà pourquoi, les initiations s'imposent. Le nouveau venu dans ce monde ne peut pas de lui-même tout savoir et tout décoder. Il ne peut pas de lui-même savoir se conduire, d'où le devoir des anciens de l'éduquer.

L'initiation n'est pas quelque chose d'un jour, c'est un processus global amorcé longtemps avant sa ritualisation et sa célébration. D'ailleurs, vue la diversité des faits initiatiques, il convient de parler des initiations au pluriel. Les initiations s'étalent sur toute la vie de l'individu chez les küküa, car celui-ci jusqu'à la mort n'est jamais pleinement accompli comme être. Ainsi les initiations l'introduisent au fur et à mesure dans la sphère de l'existence de l'être humain Buakasa écrit : « l'initiation est généralement longue, elle peut s'étendre à la vie entière. Elle commence aux familles, dans les groupes d'âges, aux jeux, elle se poursuit dans la participation des jeunes à des travaux d'adultes et à la vie de la communauté sociale ; elle se conforme et s'approfondit à l'issue de la première initiation qui fait le passage de l'irresponsabilité de l'enfant à la responsabilité de l'adulte, et se spécialise dans les sociétés secrètes pour hommes de genres sorciers. Toutes ces étapes requièrent une formation et information spéciales. Et on accomplit des cérémonies particulières qui montrent le fait qu'une personne passe d'un rôle, d'une phase de sa vie ou d'un statut social à un autre.

Chez les Küküa, les rites d'initiation par lesquels la jeune fille passe de l'enfance à la société adulte : « ce passage est un mystère dans lequel on est déjà engagé depuis la conception mais que l'on a à revivre rituellement au cours de réclusion et que l'on continuera de vivre après l'initiation. Ces rites préparent la jeune fille à prendre leur place dans la société adulte et leur ouvrent les yeux sur les réalités de la vie. L'éducation traditionnelle souligne Erny, atteint son plus haut degré de conscience au moment des initiations. L'intégration rituelle au monde des adultes doit être suivie et complétée par une mise à jour des connaissances, des aptitudes, des comportements, l'individu doit être approuvé, c'est-à-dire à la fois examiné et endurci en vue de ce qui l'attend.

Les rites d'initiation marquant la puberté sociale occupent une part dans la société küküa, car ils ont une double dimension, individuelle et collective de nombreuses sociétés possèdent des rites caractéristiques de la puberté sociale (et non réelle) et de l'accès à l'âge adulte pour l'un ou l'autre sexe.

Le futur initié est censé avoir été avalé par un monstre qui le dégorgera ensuite, ou tué par lui : la grotte où il est conduit est la bouche du monstre, la hutte où il sera initié dans la brousse a l'apparence d'un monstre mythique. Cette opération prend aussi la forme d'une purification : bains, destruction des anciens vêtements, changement de nom. A la fin, l'enfant renaîtra.

Au moment de l'initiation qui l'arrache de l'éducation familiale et au groupe pour le faire accéder à celui des adultes ,un rite important marque la vie dans la société küküa est celui de l'initiation. C'est normalement le passage de l'enfance à l'âge adulte. Il est plus juste de parler de passage « à l'âge de la Raison » il est précédé d'un temps de retraite et d'apprentissage à l'écart du village et des autres villageois d'une durée variable suivant les ethnies (de quelques semaines à plusieurs années chez les Küküa). L'enseignement porte sur les règles de la vie, la religion, la tradition, certains rites du clan (tel le langage du Tam-tam) il constitue une phase d'initiation des jeunes gens aux valeurs sociales du groupe.

Ce passage dans la société küküa s'accompagne d'une initiation des filles, les « candidates » à l'initiation font partie d'une même classe d'âge, à partir de 7 ou 8 ans.

La formation s'achève par une cérémonie initiatique qui peut être grandiose par exemple la fin du « *ngaa* » du nom de la société secrète.

Celles qui ont suivi une telle formation sont quelques fois et naturellement appelés des « initiées » en fait ils ont appris ce qui leur est nécessaire de connaître y compris dans le domaine des traditions, pour être considérée comme une femme là où il existe une initiation des femmes.

3.2. Prise en charge de la mère et de l'enfant de la grossesse à la naissance

La prise en charge intégrée de la grossesse à l'accouchement est fondamentalement dans les activités d'assistance technique menées par les Küküa. Elle comprend des orientations et les outils pour développer l'accès des femmes enceintes à des services de qualité. Cela commence par la prise en charge de l'enfant qui va naître.

La grossesse

Dans la société küküa, les méthodes visant à améliorer la santé de la mère sont. En effet, le suivi médical de l'évolution de la femme, ses soins de santés sont un souci constant qui accompagne l'existence de l'individu de sa naissance à sa mort. Cela commence par la prise en charge de l'enfant à naitre. Des spécialistes se chargent du suivi de l'évolution de la grossesse. La femme en état de gestation est soumise à un grand nombre d'interdits, les uns alimentaires, les autres de nature psychologiques.

L'orsqu'une femme est enceinte, elle est suivie immédiatement par une spécialiste que l'on peut qualifier de gynécologue.

 Si par exemple la femme souffre de retard dans la sécrétion lactée, ou bien si l'enfant refuse le sein de sa mère, on lui dit de vider son ventre, c'est-à-dire de confesser toutes ses fautes.

Pour la mère et l'enfant à naitre, cela constitue une éducation prénatale. Celle-ci démarre effet dès le moment où la femme cesse de voir ses menstrues (lune). Elle se caractérise par un ensemble d'interdits et de recommandations alimentaires, psychologiques auxquelles la future mère doit nécessairement se soumettre. Par exemple, il est strictement prohibé à la femme en grossesse de se coucher sur le ventre, de manger la viande du sanglier…

3.3 De la naissance à l'âge de la puberté

L'accouchement qui a lieu dans cette société de préférence derrière la maison sous un bananier ou dans la maternité, inaugure une ère nouvelle dans la vie du couple.

De la naissance à 5-6 ans, l'enfant est sous la protection de sa mère, les relations qui s'établissent entre les deux individus (mère et enfant) sont plutôt marquées par un amour maternel inconditionnel et par une attitude de grande permissivité.

La sortie de l'enfant intervient entre 3 et 4 mois. A cette occasion, on organise un repas avec des convives.

En grandissant, l'enfant assimile petit à petit l'existence de ses parents ou de son entourage immédiat. A partir de 6 ans, on entre dans la une autre phase d'éducation.

Les jouissances sont particulières quand il s'agit des jumeaux. Ils sont entourés de grandes cérémonies qui font la joie du groupe et des parents.

4- Le rôle social de la jeune fille dans la société küküa

La jeune fille occupait une place importante dans la société küküa. Outre son rôle de future femme dans la société, la jeune fille était au centre des activités éducatives, socio-économiques, des travaux champêtres, ménagères…

Contrairement à l'éducation dite moderne, l'éducation traditionnelle est essentiellement collective, fondamentale, pragmatique, orale, continue, mystique, homogène, polyvalente et intégrationniste.

Une éducation collective revêt un caractère collectif et social qui fait qu'elle relève non seulement de la responsabilité de la famille, mais aussi de celle du clan, du village, de l'ethnie. L'individu se définit en fonction de la collectivité et c'est dans le groupe social que l'enfant fait son apprentissage, il est ainsi soumis à la discipline collective. L'enfant étant considéré comme un bien commun, il est soumis à l'éducation de tous, il peut être envoyé en commission, conseillé, corrigé ou puni par n'importe quel adulte du village. Il reçoit ainsi une multitude d'influence diverses, mais les résultats sont convergents du fait de la cohésion du groupe (principe de cohérence dans l'action éducative).

Une éducation concrète

Les chez les Küküa l'apprentissage est basé sur la participation active de l'enfant aux différentes activités du groupe. Il s'agit là d'une pédagogie du vécu où les adultes servent d'exemples et de cadre de référence à l'action des jeunes. L'accent est mis sur l'expérience et la théorie fait corps avec la pratique (principes de pragmatisme de l'expérience et de l'exemple).

Les enseignements reçus sont en rapport avec l'environnement physique, avec les réalités socio-économiques et directement liés aux taches de production. On donne ainsi à la jeune fille un exemple de connaissance utilitaire qui lui permet d'affronter sous beaucoup de frustration les difficultés de la vie qui sera sienne (principe de fonctionnalité)

Une éducation continue et progressive

Elle est adaptée à chaque catégorie d'âge. Elle va du plus simple au plus complexe et se définit en termes de paliers ou plutôt de hiérarchie d'âges où l'aîné est censé connaître un peu plus que le puiné. L'action éducative est donc continue et graduelle c'est-à-dire sans fossé ni coupures entre les différentes étapes du développement de l'enfant, entre la théorie et la pratique (principe d'adaptation, processus continu).

Les principales techniques éducatives utilisées chez les Küküa sont : les contes, les devinettes, les légendes, les proverbes, les rites d'initiation …

- **Les contes**

Ils sont enseignés aux enfants le soir, autour du feu et cela parce que la journée est réservée aux travaux divers. Leur contenu très riches et très varié, touche à la fois plusieurs disciplines : le langage, le chant, la zoologie, la psychologie, la morale etc. les contes dans la société kükűa jouent ainsi un rôle à la fois formateur, environnemental, physique et social et moralisateur (montrent souvent à l'enfant comment le mal est puni et le bien récompensé).

Exemple de conte

Mbiene et *Nguekila*(1) où les deux animaux se disputaient une queue. *Mbiènè*, rat de pleine porte des tâches de panthère sur sa jolie peau.   Nguekela, animal légendaire, possède plusieurs queues. Le jour du combat arrive. Toute la famille animale forme un cercle autour des deux protagonistes. L'arbitrage est assuré par un lion, le roi des animaux… Le duel dure environ quinze minutes. Puis *Mbiènè*, par un geste brutal, terrassa *Nguekila*, sous les applaudissements de l'assistance. Alors toutes les queues s'éparpillèrent sur le sol. Les animaux se précipitèrent et chacun prit sa queue. C'est à partir de cette date que chaque animal porte une queue[20].

- **Les devinettes**

Elles sont à la fois un jeu et un exercice d'esprit. Elles supposent une connaissance très large du milieu : noms des personnages illustres, les parties du corps humain et leurs caractéristiques. Des animaux et des plantes, les phénomènes naturels ... Elles font appel à la mémoire, à l'imagination, à l'esprit d'observation et reposent sur les principes éducatifs suivants :

- La pédagogie du langage : ici dans la société kükűa, c'est pour que l'enfant soit considéré comme un agent principal de l'enseignement car c'est lui seul qui doit chercher à trouver la bonne réponse à tout ce que les aînés vont dire.
- L'émulation : ici l'enfant est amené à se surpasser pour trouver la bonne réponse.
- La démocratisation c'est pour conduire la jeune fille du clan ou du village à être accepté à ce jeu sans discrimination.

---

[20] N. Okouya-Mbani, 2005, Mémoire *d'un Kukuya, Essai et Recueil*, Marseille-France, p.60.

En effet, dans la société küküa l'enseignement des devinettes à la jeune fille, tout comme les contes et les légendes touchent à la fois aux différentes disciplines telles que l'histoire, la géographie, l'anatomie, la zoologie, la botanique etc.

- **Les légendes**

A travers les légendes, la jeune fille va aussi avoir une formation très riche et très varié. Elle acquiert les connaissances diverses telles qu'elles lui ont été transmises par les contes, mais en plus elle apprend l'histoire de la famille, du clan, la localisation spatiale de celle-ci, les itinéraires suivis lors des migrations, les cours d'eau ou les lacs traversés, l'origine du monde, etc. la jeune fille apprend ainsi à la fois la généalogie, l'histoire et la géographie, la cosmogonie.

- **Les jeux**

Dans la société küküa cet exercice est destiné à la formation et l'endurance physique de l'enfant, mais aussi des moyens efficaces de favoriser les apprentissages fondamentaux, de développer l'intelligence, les perceptions, la tendance à l'expérimentation, le pouvoir d'invention, etc. c'est en jouant que l'enfant arrive à s'assimiler certaines réalités intellectuelles qui auraient dû demeurer extérieures à l'intelligence enfantine. Les jeux de hasard, de comptage ou de combinaison mathématique développent le raisonnement et l'imagination des enfants : c'est par des jeux d'initiation que les

Dans la société küküa les enfants sont initiés à la pratique des activités productives et enfin, l'observance des sociale qui forme son caractère.

- **La peur**

Elle est le moyen que l'éducation traditionnelle utilise ici. C'est pour faire respecter les règles, les lois et les préséances vitales qui ordonnent toute la vie sociale. L'enfant a peur des conséquences naturelles ou surnaturelles qui pourraient lui arriver s'il transgresse les lois, les interdits, les tabous, etc. Les sanctions corporelles sont généralement légères.

Dans cette société, toutes ces connaissances sont transmises aux jeunes sont fixées dans la mémoire des anciens. En général, c'est pour que les enfants commencent à prendre connaissance de leur milieu physique aussitôt qu'ils commencent à jouer avec des animaux en bois en argiles ... Les jeux traduisent le plus souvent les expériences vécues

L'enseignement traditionnel a quatre (4) aspect il est absolument efficace c'est-à-dire que l'enfant apprend tout ce qu'il a besoin de savoir pour remplir par la suite ses fonction d'adulte, même lorsque l'enseignement comprend des taches difficiles et des épreuves très dures, tous les enfants qui suivent sont reçus ; cette formation n'est pas très chère (paiement aux maitres et aux chefs religieux) ; les enfants continuent pendant leur instruction à participer à divers travaux. En effet dans cette société l'éducation comporte une période d'apprentissage informelle chez les parents ; les enfants participent en outre très tôt aux travaux des adultes ; pour acquérir des connaissances spéciales plus formelles chez les personnes spécialisées. Les jeunes filles küküa commencent à l'âge de 8 à 10 ans à faire le labour ; les champs, puis à 11 ou 12 ans elles apprennent à cultiver et à l'âge de 14 à 15 ans elles commencent à préparer le manioc.

5-Les grandes aires culturelles

L'Archéologie ne fournit pas encore assez d'informations sur le développement des aires culturels en Afrique au sud du Sahara avant le contact avec l'Europe.

La plupart du temps, on a souvent fait recours aux grandes divisions traditionnelles, ignorant une multitude de groupes plus obscurs, présentant l'avantage de la clarté. Cependant, l'existence des sociétés nous permet de retenir cette approche :

Négrilles, Soudano-Bantu, Hamites ou Ethiopiens appartiennent à des types bien distincts. Les Peuls pastoraux sont souvent minces et élancés, tandis que les agriculteurs sont plus petits et trapus…

5.1 Les Négrilles

Les Négrilles sont souvent considérés comme les plus anciens habitants de l'Afrique, parmi les races actuelles. Les « Pygmées » de la Cuvette centrale ou Hottentots et Boschimans de l'Afrique du sud, ont occupé dans le temps des régions plus hospitalières, avant d'être refoulés par de nouveaux arrivants, là où nous les retrouvons aujourd'hui : forêts denses et étendues semi-désertiques.

Zéphirin Sah affirme à ce propos :

> *Ces peuples sont aujourd'hui dispersés dans toutes les zones de grande forêt. Leur origine reste encore une grande question à résoudre à travers les recherches en archéologie. Aujourd'hui, certaines thèses font remonter leur origine au Kenya, le berceau de l'humanité ou des sources du Nil, où, au Ve siècle avant l'ère chrétienne, l'historien grec Hérodote relate leur existence. Premiers occupants de ce territoire, les Baka, les Tswa et Baboongo furent confrontés à la pression des « Grands Noirs », donc des Bantu. Ainsi, éparpillés par les Bantu et les Oubanguiens, les hommes de la forêt (négrilles) vont, au terme d'un long et complexe processus de socialisation, se rattacher à cette mosaïque ethnolinguistique des « Grands Noirs »*[21]

Les « Pygmées » *Batwa, Tswa, Bambuta…*tout comme les Boschimans sont des chasseurs-cueilleurs qui subsistent difficilement dans des secteurs particulièrement pauvres du continent. Ils ont pour cela du développé un mode de vie lié à leur environnement.

Sur l'aspect des échanges, Léopold Greindl affirme :

> *Les Pygmées, hôtes de la forêt équatoriale vivent parfois en contact de populations arrivées plus récemment. Ils ont avec celles-ci des relations commerciales mais également des échanges culturels et sociaux.*

---

[21] Z. Sah, 2017, *Le peuplement du Bassin du Congo et son impact le cas des Teke et leurs voisins Kongo et Ngala au Congo-Brazzaville*, Beau Bassin, Editions Universitaires Européennes, p.16.

> *Certains Bambuti du Haut-Zaïre (Haut –Congo aujourd'hui), sont initiés par des groupes agriculteurs, tandis que les Batwa du Kivu sont souvent métissés au contact des Bashi ou occupent même un rang bien précis dans la société comme c'est le cas au Rwanda. En effet, les Batwa du Rwanda constituent 2 à 3% de la population totale mais occupent des fonctions bien précises à la cour du Mwami[22].*

Suivant les régions en Afrique, cette communauté constitue un espace culturel dans lequel les autres peuples d'Afrique noire ont puisé pour construire leur société, dans la mesure ces derniers sont des premiers occupants des territoires dont ils se sont établis aujourd'hui.

5-2 Les Boshimans

Qui vient du terme anglais, Bushmen qui signifie hommes de la brousse, les Boshimans ont parfois vécu au contact des Hottentots, qui sont des éleveurs. Ils étaient leurs esclaves. Ces deux groupes sont proches par leur langage, dit « à clics », qui leur est particulier et qu'on ne retrouve nulle part ailleurs, sinon dans des poches limitées de Tanzanie. Il s'agit plus exactement des Khoisan, « khoi » signifiant « homme » chez les Hottentots, qui se désignent eux-mêmes par le terme de khoi-khoi, c'est-à-dire « les hommes des hommes », « san » est cependant, le terme que les Hottentots réservent aux Boshimans.

Nous sommes là en présence d'un espace des peuples agro-pastoraux.

5. 3 Les populations de type éthiopien

Elles sont regroupées principalement dans le nord-est africain et la région inter lacustre. Les Ethiopiens ont adopté en général la langue des peuples au milieu desquels ils se sont établis, ce qui complique actuellement la recherche de leurs origines. On suppose qu'ils soient venus d'Asie Mineure, soit par le nord-est,

---

[22] L. Greindl, *op.cit.* p.7.

utilisant la dépression entre les plateaux éthiopien et kényan. Il y a là forcément un choc de culture qui eut une influence considérable sur les traits culturels de cet espace.

5.4 Les Soudano-Bantu

Ils sont souvent considérés par certains chercheurs comme originaires du continent lui-même. En effet, jusqu'au quatrième ou cinquième millénaire avant Jésus-Christ, le désert du Sahara a abrité une population importante ainsi qu'en témoignent par exemple les peintures rupestres très nombreuses dans les montagnes du Hoggar et du Tassili. L'assèchement du désert, dû autant à un cycle naturel qu'à une déprédation par l'homme, a contraint ces peuples à une migration vers la vallée du Nil et vers le sud. De là, ils s'étendront également dans la savane au sud de la forêt tropical. Plus que tout autre groupe, ils ont joué un rôle déterminant dans le peuplement de l'Afrique, suite à l'introduction de l'agriculture. C'est pour cette raison que nous avons signifié ci-dessus que, les migrations Bantu constituent l'une des plus importantes migrations d'Afrique au sud du Sahara.

L'agriculture, née dans le Croissant fertile, en Asie Mineure, a atteint l'Afrique qu'au IV ou Ve millénaire avant JC.via la vallée du Nil, au moment où le désert s'asséchait. Deux facteurs ont sans doute joué simultanément dans sens d'un accroissement démographique considérable : fuite du désert de nombreux peuples à la recherche d'endroits plus cléments et introduction de nouvelles plantes et techniques de culture favorisant cette croissance, prélude à la brillante civilisation égyptienne.

En deux mille ans environ, la vallée du Nil occupée par des chasseurs-cueilleurs devint centre de civilisation fourmillant d'activité.

Les Bantu s'imposèrent grâce à une meilleure organisation sociale. Une plus grande unité leur donnait une supériorité réelle sur des populations éparses n'ayant entre elles que des contacts accidentelles et souvent belliqueux.

L'agriculture les astreignait déjà à une certaine stabilisation, ne fût-ce que le temps des semailles et de la récolte. Cette nouvelle forme d'économie engendra des surplus de production, permettant de vivre des semaines et des mois, sans appréhension du lendemain.

Avec les déplacements des peuples, plusieurs cultures peuples se rencontrer sur un même territoire. Ainsi parle-t-on de choc de culture.

Les aires culturelles des peuples d'Afrique noire vont se confronter et se frotter au contact d'autres venus parfois d'ailleurs. A partir de ce moment, on peut ressortir comme aires culturelles :

- **L'aire occidentale** (tout le monde occidental)

Cette civilisation tire ses racines de l'Antiquité Grecque, de la religion judéo-chrétienne et des réflexions des Philosophes de lumières au XVIIIe siècle

(Siècle de Lumières).

- **L'aire latino-américaine**

Celle-ci regroupe les pays de la Cordillère des Andes où les langues latines et la prédominance des traditions orientales sont importantes

- **L'aire musulmane**

Cette civilisation repose sur une religion, l'Islam

- **L'aire de l'extrême orient**

Elle correspond aux civilisations orientales (Chine- Inde) et regroupe un grands nombre de peuples.

Chapitre III

Les civilisations de l'Afrique noire : aspects et héritage

1- Aspects

En parlant de civilisations de l'Afrique noire, nous nous penchons sur la civilisation traditionnelle africaine. Ainsi, en parlant de civilisation traditionnelle, nous laissons de côté tous les éléments de culture savante :

scientifiques, littéraires, philosophiques. Nous n'envisageons que les éléments culturels dont l'élaboration n'est ni la condition ni la conséquence de l'enseignement et de l'intervention de l'écriture alphabétique, de l'imprimerie, ou des moyens tout récents de diffusion de la pensée : radio, phonographie, télévision[23], internet aujourd'hui…

C'est ce fond de traditions non élaborées scientifiquement dont nous étudions les caractères   non par une étude d'ensemble qui réclamerait un temps de travail volumineux, mais par l'analyse d'exemples caractéristiques.

Cela nous permettra de comprendre de manière sûre pourquoi ces traditions vivaient et pourquoi elles meurent (déclin).

En étudiant ces civilisations, nous laissons donc de côté, tout ce qui est en rapport avec la science « moderne », avec l'érudition, tout ce qui est enseigné par des éducateurs professionnels, tout ce qui est connu par l'écrit ou l'imprimé.
Cependant, il faut souligner que, ce stock de traditions archaïques n'est pas partout le même en Afrique noire.

En effet, dans nos contrées du Congo et dans toute l'Afrique noire, jusqu'à l'intrusion européenne, toute civilisation comporte un certain lot de très lointains archaïsmes dont certains perdurent jusqu'à nos jours. C'est cette haute ancienneté,

---

[23] E. Ognami, 1993, « Les Civilisations traditionnelles-Aspects Méthodologiques » *in Cahiers Congolais d'Anthropologie et d'Histoire*, T 13, Brazzaville, FLSH, p.27.

51

généralement plus lointaine que l'arrivée des Blancs, qui constitue, à notre sens, l'aspect le plus remarquable de cette civilisation

traditionnelle. Ainsi comprise, elle pourra se confondre avec la notion de folklore. A ce propos, Eugène Ognami affirme :

> *En identifiant le folklore à la civilisation traditionnelle, nous déterminons donc l'un et l'autre par trois caractéristiques :*
>
> - *Etre constitué par des éléments de civilisations très archaïques ;*
> - *Ne comporter aucun mode de transmission savante : enseignement par des professionnels spécialisés, écritures, imprimerie ou procédés plus modernes de diffusion de parole,*
> - *Comporter une certaine contamination d'éléments de civilisation beaucoup plus récente, provenant de mode d'influences culturelles européennes ou arabes, toutes fois cette contamination ne doit pas aboutir à une fusion, il y a plutôt juxtaposition, agrégation d'éléments composites, préservant par conséquent une relative pureté des éléments très anciens.*
>
> *Ce phénomène de juxtaposition est particulièrement manifeste dans l'art et peut servir à le définir. Si nous considérons maintenant les éléments les plus anciens de toute civilisation traditionnelle, nous remarquons entre eux de surprenantes analogies. Telle est la*
>
> *constatation qui revient au premier plan de toutes les recherches relatives à la civilisation traditionnelle[24].*

Les sociétés noires sont organisées depuis longtemps et on les reconnait par leurs caractéristiques essentielles :

---

[24] E. Ognami, *op. cit.* p.28.

Forte structure politique marqué par la formation des « Etats » Royaumes, Empires, Chefferies…, organisation sociale évoluée dont la base est le système de parenté, les rapports économiques nombreux et différenciés

 En Afrique, les royaumes étaient plus grands que les cités-Etats. Dans les royaumes, la totalité du territoire était sous le contrôle du pouvoir central détenu par le roi. Les décisions prisent par le roi étaient applicables à tous les sujets. On note aussi que les institutions étaient les mêmes partout en Afrique. Dans le fonctionnement, il faut retenir que, le plus souvent, le roi désignait des fonctionnaires ou encore des gouverneurs pour administrer les différentes régions. Ces derniers deviennent ainsi les représentants du roi pour faire appliquer ses décisions et gouverner.

Plusieurs royaumes africains se sont bien illustrés dans l'histoire par leur organisation politique et administrative.

Exemple de royaumes : le royaume de Kongo (Angola), royaume Teke

(Congo),   royaume Loango (Congo) Luba, Kuba (RD Congo), royaumes Mossis (Ouagadougou)…

Toutefois, il existe des différences locales, allant des sociétés sans Etats, constitué seulement en fonction d'une structure de clan très puissante aux Etats qui dominent et modèles les sociétés.

En abordant cet axe, nous dégageons les traits saillants qui font l'unité des civilisations et des sociétés de l'ancienne Afrique noire.

Les sociétés africaines sont essentiellement communautaires. Dans leur organisation, chaque unité sociale forme un tout au sein duquel l'homme se sent en équilibre, en sécurité et pleinement intégré.

Ici, la parenté joue un grand rôle. Elle est en effet le cadre, la base de toute organisation sociale.

2- L'Héritage

 Les sociétés et civilisations de l'Afrique noire ont légué à l'humanité un grand héritage. Beaucoup d'éléments de sa production matérielle font aujourd'hui la fierté de nombreux musées et galeries des grandes villes occidentales et d'autres parties du monde.

Dans cette étude synthèse sur les sociétés et civilisations de l'Afrique noire précoloniale, les traits saillants épinglés ci-dessus constituent le contenu de l'africanité. Ce qui veut dire que l'Afrique noire précoloniale a eu des structures sociopolitiques et culturelles organisées. Ces structures ont une véritable éducation orale qui était un processus qui durait toute la vie.

Concernant l'évolution des techniques, l'Afrique noire a su exploiter les métaux, le bois, l'ivoire, le tissu.

Le commerce était actif à travers les échanges avec l'usage de monnaies locales…

Dans le Bassin du Congo par exemple, le premier système d'échange chez les Teke avant l'introduction de toutes les formes de monnaies est le troc. La découverte des monnaies traditionnelles telles que le rectangle de *Raphia*, le *Ngiéle* ont modernisé les échanges entre les peuples teke. Certaines monnaies qui partent du royaume Kongo et Loango eurent également cours dans le royaume teke. Ces monnaies sont entre autres les *nzimbu*, les cauris et les *okyengo*.

- Le rectangle de Raphia *(Tsulu)*

De forme rectangulaire, encore appelé *tsulu* ou *libo*, le raphia fut une véritable monnaie acceptée par tous jusqu'aux négociants. Le format standard de cette monnaie est le carré aux dimensions variantes : 15 à 20cm, 40 à 70cm et parfois 80cm de cotés.

Cette étoffe est fabriquée à partir des fibres de nervure recueillies sur les feuilles de palmiers-raphia. Trois ou quatre *tsulu* juxtaposés et cousus ensemble forment une étoffe appelée *bvoro*. Henri Brunschwwig décrit ainsi cette étoffe :

Ce pagne se compose de trois rangées de tissus de raphia cousus ensemble ; chaque rangée est ornée de lignes de franges à son bord inferieur. Habituellement le pagne est tissé avec des fils de couleurs différentes formant des dessins de carreaux. Les kukuya étaient réputés dans la fabrication de cette étoffe qui était si bien cardée que le tissu en devenait souple comme de la soie[25].

Dans les échanges Téké avec les Mbosi par exemple, un *tsulu* (triangle de raphia) était échangé contre trois blocs de sels.

Cette monnaie téké avait aussi cours avec d'autres objets d'échanges. C'est ainsi que chez les Kongo, le *tsulu* encore appelé *libo* sera nommé par *Mbongo*.

J.Ollandet souligne l'importance du rectangle de raphia dans les échanges Teke-Ngala :

> *Le rectangle de raphia (tsulu) avait été aussi adopté par les Ngala « gens d'eau »dans les échanges avec les téké. Avec le développement du commerce fluvial, cette monnaie qui prit le nom Mbongo à Nkuna (stanley-pool), carrefour commercial téké, s'imposa dans les échanges. L'appellation Kongo finit par avoir droit de cité. Ce vocable est aujourd'hui le terme consacré pour désigner la monnaie (l'argent) en lingala l'une*

---

[16]H.Brunschwig, 1985, *Brazza, explorateur de l'Ogoué 1875-1879*, Paris, Mouton, p.215.

des langues nationales congolaises dont l'origine se confond justement avec l'essor du commerce sur le fleuve au XIXe siècle[26]

En effet, la valeur du *Mbongo* (raphia au pluriel) dépend de la taille et surtout de la qualité du tissu. Les monnaies de raphia qui avaient une valeur forte étaient :

les *Nkorimba* (à l'aspect d'un brocart) ; les *ma-dikula* (sorte d'étoffe rougeâtre) ; les *ngombo* ; les *bilami* et les *nkundi*.

La valeur du *Mbongo* a varié du XVIIe au XVIIIe siècle. Elle se déprécie lentement sous le coup des importations textiles européennes.

Le raphia monnaie du royaume teke, dépassait le cadre de son royaume. Elle servait dans les échanges entre les Teke et les Mbosi. Il connut également une large diffusion dans le pays Kongo au sud et de la côte au sud-ouest.

B. Goulamiélé montre l'importance de la monnaie dans la civilisation Teke du XVIe au XXe siècle :

aux environs de 1640 le lubongo était évalué à 12 reis portugais, et c'est en étoffes-monnaies que le roi Kongo versait la pension annuelle aux portugais installés à San Salvador. La richesse de ce

roi était si grande qu'en 1649, il réunissait 1500 charges

d'étoffes valant approximativement 40 millions de reis portugais[27]

---

[26] J.Ollandet, 1981, *Les contacts Teke Mbosi ; Essai sur les civilisations du bassin du Congo*, Thèse de Doctorat du 3e cycle, Montpellier, France, p.49.

[27] (B).Goulamiele, 2009, *la monnaie dans la civilisation teke du XVIe au XXe siècle*, Brazzaville, Thèse de doctorat, 3e cycle, p.52.

Tissus de raphia (*Tsulu*)   **Source** : B. Goulamiélé, *op.cit*, p.6.   **Photo n°1**

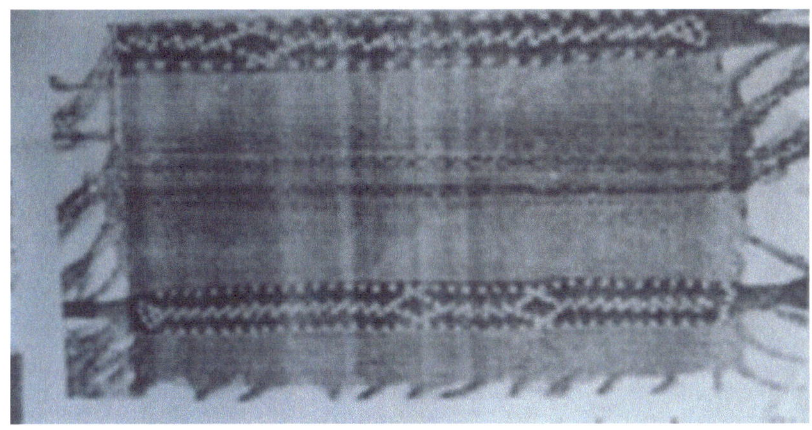

Mbongo, une monaie Kongo   **Source**: B. Goulamiélé, *op.cit*, p.6. **Photo 2**

Photo 3 : pagne en raphia (*dzouona*)

Source : Mviri Mongo Morel, 2017.

Il était la deuxième monnaie traditionnelle téké utilisé conjointement avec le raphia dans les échanges entre les Téké et les autres royaumes environnants. Il pouvait avoir 20cm de longueur. La matière première de la fabrication de cette monnaie était le cuivre. Cette monnaie provenait du Niari de l'est à 400km de la côte atlantique.

La monnaie métallique : le *Ngiélé*   **Source** : B.Goulamiélé, *op.cit*, p.68. **ph.4**

En dehors des frontières du royaume Teke, A. Ndinga Mbo rapporte que le *ngiele* a connu également un grand succès.

> *La barrette de cuivre « ngiele » dénommé chez les Koyo, Okyengo a été l'unité monétaire sur tout l'espace comprenant l'actuelle République du Congo[28].*

---

[28] A. Ndinga Mbo, 1984, *introduction de l'histoire des migrations au Congo Brazzaville*, Editions Bantoues, P.110.

Cette monnaie avait une valeur significative, car elle permettait d'effectuer des échanges. A la fin du XIXe siècle, les français reconnaitraient la valeur de cette monnaie au cours d'une mission qu'ils effectuèrent entre 1883 et 1885 dans l'ouest africain. A. Ndinga Mbo souligne :

> *Pour payer les travailleurs, par exemple, à raison d'un ngiele par homme et par jour dans la région de Brazzaville. Et pour effectuer les échanges ; le tableau d'équivalences reconnues à cette époque sur le fleuve Congo est le suivant :*
>
> > *1litre d'huile de bambou= 1mitako ;*
> > *1poule =1mitako ;*
> > *1régime de bananes (de grosseur moyenne)= 2mitako ;*
> > *1esclave (femme) = 200 à 400mitako :*
> > *1esclave (homme)= 400 à 500mitako.*[29]

La monnaie métallique *ngiele* utilisée dans les pays teke influence la monnaie identique appelée *okyengo* utilisée par les Mbosi. Ainsi, le *ngiele* domina les échanges dans toute la partie septentrionale du Congo et ce terme intégra le langage mbosi. La monnaie locale mbosi, les *Ibanga* ou *ondzogo* perdirent une partie de sa valeur et s'opéraient qu'autour des mécanismes précis : gages d'alliances, cadeau d'allégeances.

---

[29] A. Ndinga Mbo, *idem*, p.119.

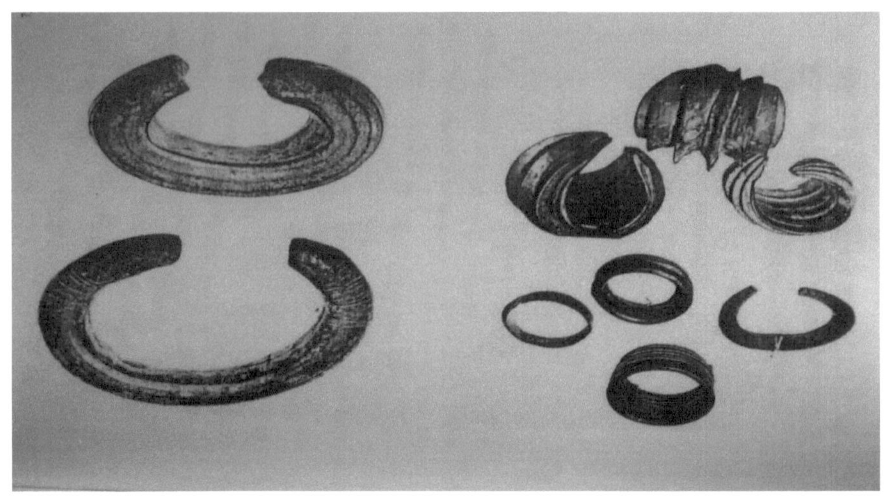

Les barrettes de cuivre   **Source** : B.Goulamiélé, *op.cit*, p.72. **Photo 5**

Dans la seconde moitié du XIXe siècle, le *ngiele* qui connaissait une grande expansion a existé jusqu'au lendemain de la première guerre mondiale. A ce sujet J.Ollandet confirme ce qui suit :

> *Jusque dans les années 1920 le franc, monnaie coloniale et la barrette de cuivre ont circulé conjointement. Les populations utilisaient le franc pour le règlement de leurs affaires avec les compagnies concessionnaires et le pouvoir colonial ; dans leurs transactions locales, elles employaient les barrettes de cuivre[30].*

- Les autres monnaies

Dans le cadre des échanges entre les Teke et le monde extérieur, il y'a eu aussi l'implication d'autres monnaies qui intervinrent ans le système commercial et monétaire des téké telles que les *nzimbu*, les cauris.

---

[30] J.Ollandet, 1981, *Les contacts téké-mbosi, essai sur les civilisations du bassin du Congo*, Thèse de doctorat du 3e cycle, Montpellier, p.450.

- Le *Nzimbu*

Les *nzimbu* avaient cours dans tout le royaume Kongo. Durant les XVIIe et XVIIIe siècles, les Kongo les avaient utilisées comme instrument de mesure des valeurs dans leurs échanges. Ce que confirme G.Balandier :

> *Les Nzimbu ont essentiellement une fonction monétaire. Ils assurent les échanges, ils constituent la part principale du tribut. Ils satisfont aux dépenses de l'Etat et permettent aux souverains de contribuer à l'entretien de l'église de Kongo, d'honorer les étrangers ayant acquis leur confiance leur confiance. L'importance des coquillages monnaies devenus le support de l'économie et l'instrument de l'administration fut bien reconnue des portugais. Vers le milieu du XVIIe siècle, afin de faire pression sur le roi ces derniers ont tari la source du trésor, accaparant l'ile de Louanda, puis l'annexant définitivement après la bataille d'Ambouila. Tous ces faits révèlent le caractère monétaire des Nzimbu*
> *et leur rôle prépondérant en matière des finances publiques*[31].

Grâce aux échanges Teke-Kongo, on rencontre déjà sur les marchés teke au XVIe siècle cette monnaie. Il est donc à noter que le *Nzimbu* arrive en pays teke à travers les marchands Kongo présent à *Ncuna* qui est un grand centre commercial du royaume.

En effet, le *nzimbu* principal monnaie du royaume intervint dans les liens commerciaux entre le royaume teke et celui de la côte ainsi qu'avec les commerçants portugais et hollandais qui importent des coquillages similaires du Brésil ou de l'océan indien.

---

[31] G.Balandier, 1965, *La vie quotidienne au royaume du Kongo, du XVIe au XVIIIe siècle*, Paris, Hachette, P.124.

Mgr J. Cuvelier a recensé les évaluations du *nzimbu* et les monnaies portugaises sur près de trois(3) siècles. On y apprend qu'en 1575 dix *nzimbu* valaient un réal. En 1619, l'Evêque Baptiste estimait un *cofo* à trois mille reis et il ne valait que mille reis.

Ensuite, un *lufuku* équivalait à dix *nzimbu* [32].

Photo n°6 : Les éléments de la médecine traditionnelle africaine

Source : Zéphirin Sah

---

[32] P. Edoumba, *Aperçu sur les monnaies d'Afrique*, P.7.

Chapitre IV

Les formes d'organisations sociopolitiques

L'histoire nous renseigne que ce n'est pas avec le contact de l'Afrique et l'occident que celle-ci a commencé à s'organiser. Au contraire, à la fin du Ier millénaire de notre ère, l'Afrique subsaharienne voit l'émergence des premiers ensembles organisés en royaumes, en empires, et bien d'autres formes d'organisations   politiques bien différentes les unes des autres selon leurs traditions. Ce qui fait dire à Joseph Ki-Zerbo :

> La restitution de la vie des peuples africains vivant au sud du Kongo et de l'Ethiopie à cette époque est très difficile. L'Archéologie est en train de révéler des choses étonnantes et les ruines qu'elle dévoile,
>
> malgré les multiples déprédations dont elles ont souffert, montrent d'ensembles humains puissants qui ont organisé leur vie collective et tenté de dominer leur environnement[33].

Quelles sont alors ces différentes formes d'organisations   politiques d'Afrique précoloniale ? C'est ce qui va faire l'objet de notre étude pour commencer.

Dans la forme d'organisation politique en Afrique précoloniale, nous pouvons distinguer :

-les sociétés sans Etat ou Chefferies

-les cités-Etats

-les royaumes

-les empires

---

[33] J. Ki-Zerbo, 1978, *Histoire de l'Afrique noire*, Paris, Collection d'Histoire Hatier, p.169

1- Les sociétés sans Etat ou Chefferies

Ce n'est pas à la même période que toutes les sociétés africaines se sont organisées en Etats. En effet, jusqu'à une date récente, de nombreuses sociétés africaines fonctionnaient sans Etat. On avait généralement affaire à de petits groupes, à des familles élargies, à des lignages, des villages voire des villes. Ainsi, certains de ces groupes pouvaient avoir à sa tête un chef (chefferie) qui est généralement choisi parmi les anciens. Le pouvoir de ce dernier est de faire respecter l'ordre dans cette société en rapport avec leur cosmogonie.

Dans ce cas, le fonctionnement de la société reposait sur la discipline, le respect des coutumes ou encore sur la crainte.

Exemples de sociétés sans Etat : les Igbo (Nigéria), les Mbosi (Congo)

2- Les cités-Etats

 Les cités-Etats se composaient d'une ville, la cité et des territoires environnants. Ici, la cité était le centre de la vie politique et administrative.

Tous les territoires dépendants de la cité –Etat étaient les vassaux de la ville.

Mais celle-ci ne les contrôlait pas directement car ils s'étendaient sur un vaste périmètre.

Dans l'ensemble, les agriculteurs et les éleveurs devaient travailler et fournir à la ville un tribut (sorte d'impôt), le plus souvent en nature, permettant de nourrir les habitants de la cité.

Et en contrepartie de cela, la ville, dans la plupart des cas fortifiée (avec des forts), devait s'occuper de défendre les habitants de ces territoires et servir de refuge en cas d'attaque par l'ennemi ou les envahisseurs.

Exemples de cités-Etats : les cités-Etats Haoussas (Kano, Kitsina …) au Soudan central.

3-   Les Royaumes

En Afrique, les royaumes étaient plus grands que les cités-Etats. Dans les royaumes, la totalité du territoire était sous le contrôle du pouvoir central détenu par le roi. Les décisions prisent par le roi étaient applicables à tous les sujets. On note aussi que les institutions étaient les mêmes partout en Afrique. Dans le fonctionnement, il faut retenir que, le plus souvent, le roi désignait des fonctionnaires ou encore des gouverneurs pour administrer les différentes régions. Ces derniers deviennent ainsi les représentants du roi pour faire appliquer ses décisions et gouverner.

Plusieurs royaumes africains se sont bien illustrés dans l'histoire par leur organisation politique et administrative. Nous y reviendrons dans la deuxième partie de ce cours.

Exemple de royaumes : le royaume de Kongo (Angola), royaume Teke (Congo), royaumes Mossis (Ouagadougou).

3.1 LES ROYAUMES BANTU

L'Afrique bantu s'étendait du sud du Lac Tchad jusqu'au Lac Victoria. C'était dans cette zone que s'étaient déroulées les grandes migrations Bantu avant le XVIIe siècle.

Les Bantu ont formé entre les VIIe, XVIIIe et XIXe siècles plusieurs royaumes : on distinguait à l'ouest les royaumes de Kongo, Loango,Kakongo,*Tio*

(Anzica),N'dongo,au centre, le Kouba,le Lunda et le Louba. A l'est le Monomotapa, le Changa et le Sofala.

Ils étaient réputés pour le travail du fer.

3.1.1 Le Royaume *Tio* ou d'*Anzique* (Teke)

Le premier à prendre forme, suivi de celui de Kongo,qui,d'ailleurs, d'après la tradition, prit modèle sur lui, fut le royaume teke, plus connu, dans la littérature occidentale du XVIe-XVIIe siècle sous le nom d'Anzicana, ou d'Anzico.

L'Anzicana se déploya sur tout le centre-sud du Congo actuel qu'il déborda d'ailleurs, pour fixer sa limite ouest sur l'est du Gabon, tandis que, à l'est, enjambant le Congo, il prit possession des actuelles régions du Bandundu et de Kinshasa, en RDC.

La fondation du Royaume teke remonterai au VII [e] siècle si l'on s'appuie sur l'hypothèse des travaux archéologiques de l'équipe des chercheurs de l'Université Omar Bongo du Gabon[34].

Au XVIe siècle, les voyageurs européens parlaient déjà de ce royaume comme d'un fait très ancien.

---

[34] Cf Zéphirin SAH, 2013, Médecine *Traditionnelle et société chez les Küküa (Teke du Congo) XVIIIe-XXe siècles*, Thèse de doctorat Unique.

Organisation du Royaume

Le royaume d'Onkoo, *le* tout puissant roi Teke, l'Anzicana, est un authentique Etat fortement centralisé. On note une solide organisation administrative, militaire et juridique, assurant la coordination des processus sociaux ; monopolisation par le pouvoir de l'appareil de contrôle politique. L'organisation administrative du royaume est de type féodal.

Au sommet de la pyramide sociale trône l'*Onkoo*,le roi vénéré à la manière d'une divinité.

Ses pouvoirs sont étendus, il reste le maître qui a l'œil sur tout, sur le temporaire comme sur le spirituel.

Après avoir atteint un haut niveau dans son organisation, le royaume d'Anzicana se trouva devant de nombreuses difficultés qui allaient le périclité. En effet, l'apparition d'un certain nombre de facteurs sociaux, à la suite d'une série de ruptures historiques et les métamorphoses sociales qu'elles entraînent affaiblissent progressivement l'autorité de l'*Onkoo* et font surgir de l'ombre des personnalités inattendues.

L'enrichissement de certains notables locaux par la traite des noirs joua dans le même sens. Il profita à ceux qui étaient les mieux positionnés par rapport au marché des esclaves.

Plus tard avec un autre niveau dans l'organisation du pouvoir apparurent douze provinces administrées par des représentants du roi dont le symbole du pouvoir était le *nkobi*.

Les noms de ces douze juridictions administratives regroupées autour de Mbé, la capitale du royaume sont : *Inlinon,Muyu,Impaon,Andzion,Ampoh,Lion,Angia-Obuh,Mwangaon,Onzala,Anzobo,Mvula* .Chacune portant le nom d'un *ncobi* du pays. Deux gouverneurs de provinces sont restés célèbres : Ngaïlinon et Mwidzuh.

Ngaïlinon siégeant à Nkouo,immense quartier de Mbé,étendit son autorité sur les Awun,les Ambey-Mbey,Asise et les Lali.

Mwidzuh tint Abali et règna sur les Küküa, les Azynziu,les Abun et les Agwengwel .

Mais l'*Onkoo* reste une véritable divinité devant laquelle tout se courbe, il est l'autorité suprême du royaume.

3.1.2- Le royaume Kongo

Le royaume Kongo s'était déjà formé au XIII ^e siècle, sa fondation remonterait entre le VI ^e et VIII ^e siècle. L'histoire du royaume est bien connue à partir du XVe siècle, grâce aux écrits des voyageurs portugais arrivés en Afrique centrale.

Le royaume s'étendait du Bas-Kongo au fleuve Kouango.Il comprenait six provinces : Mbamba,Mbata,Mpemba,Mpangu,Nsundi et Soyo.

Les royaumes du Loango, de l'Angola et du Kakongo dépendaient du Kongo.

Le roi du Kongo, le Mani-Kongo était tout puissant et disposait d'un pouvoir absolu. L'héritier du roi était élu par un conseil de notables .Il n'était pas le fils du Mani-Kongo mais celui de sa sœur ainée. Le roi, le conseil des notables composés généralement de forgerons formaient une caste de riches qui vivaient grâce à la vente de lingots de fer, de cuivre, d'ivoire et d'esclaves.

Le palmier à huile, le tissage à base de raphia, la chasse aux éléphants étaient florissants dans le royaume. La capitale était Mbanza-Kongo devenue San-Salvador avec les portugais aux XVIe et XVIIe siècles.

En effet en 1482, le royaume du Kongo fut découvert par le portugais Diego Cao. Au début du XVIe siècle, le Mani-Kongo Alphonse Ier était un roi chrétien qui avait renoncé aux traditions et imitait de plus en plus le Portugal. Son fils Henrique fut même consacré Evêque en 1521.

L'économie reposait sur l'agriculture rendue possible grâce au défrichement, et sur la métallurgie qui permettait de fabriquer et d'exporter des objets en fer et en cuivre.

Pour le commerce, les habitants du Kongo utilisaient différentes monnaies : des tissus de raphia et des coquillages.

La coopération avec le Portugal se solda par un échec car ce pays n'était pas capable d'envoyer au Kongo, les missionnaires et techniciens réclamés par le Mani-Kongo.

Les successeurs d'Alphonso Ier, Diego et Alvarez s'opposèrent aux Portugais qui depuis 1580 se livraient au commerce des esclaves, ruinant ainsi le pays et abandonnant leur mission religieuse[35]. Le royaume fut affaibli par la traite des noirs aux XVIe et XVIIe siècles. A partir de ce moment, il entra dans une phase de déclin.

3.1.3-Le royaume Loango

Le royaume Loango, ancien vassal maritime de Kongo est le résultat de l'anarchie qui a régné dans l'Etat du Kongo. Dapper[36] rapportant une tradition, écrit que les habitants de ce pays auraient vécu

longtemps en petites chefferies perpétuellement en guerre les unes contre les autres, avant de passer sous la domination du Kongo.

Dans les limites du royaume Loango, vivent aujourd'hui les Vili dont descendent les habitants du Loango. Le territoire comprenait alors 7 provinces : le Mâpili,le Mâtsilônga,le Mâkuni,le Mayôbe,le Mânganga, le Kanu et le Malwâdjili.

Le roi Ma-loango était choisi parmi les princes nés du royaume, pourvu qu'il soit jugé digne par le conseil de régence (conseil des notables), lequel conseil gouverne

---

[35] J.Devisse ,Collection d'Histoire, du VIIe au XVIe siècle.
[36] Cf. O.Dapper

le royaume pendant l'inter règne. Les rois sont pris au sein du clan royal matrilinéaire[37].Peu à peu, d'autres clans donneront aussi des rois. La cour (*Mikawaluangu*), comprenait le roi (*Ma-Loango*), les ministres(*Mifuka*) et les notables (Si *fumu si*).

Le pouvoir judiciaire était exercé par le roi, les gouverneurs et les chefs de village pour le civil et le criminel.

La vie économique était basée sur les activités agricoles, la chasse, la pêche, la forge, la poterie, le tissage, la fabrication du sel en faisant sécher l'eau de l'océan.

A partir du XVIIe siècle, la principale activité commerciale du royaume de Loango comme des autres royaumes (Kongo,Kakongo,Anzicana…) était la traite des esclaves, vendus aux Européens en échange des pièces.

Le royaume de Loango semble avoir connu sa grande période d'activité économique entre 1896 et 1897[38].

Affaibli par les mêmes causes qui avaient entraîné le déclin du royaume de Kongo : le trafic des esclaves dont le contrôle lui échappe, l'émergence, de ce fait, d'une nouvelle aristocratie qui se montre indocile, le roi ne peut intervenir efficacement. Le bouleversement de l'ordre sociopolitique et socioculturel traditionnel fut fatal au Loango, comme il l'avait été au Kongo[39].

3.1.4-Le Monomotapa

Dans leur pérégrination vers le sud, les Bantu fondèrent au sud du fleuve Zambèze, de nouveaux Etats dont le plus important est le royaume du Monomotapa. C'est à partir du XIIIe siècle que les premiers bantu s'installèrent

---

[37] Th.Obenga, « La civilisation Loango », p.54
[38] Th. Obenga,*Op. cit*.p.58.
[39] D.Ngoie-Ngalla, 2007, « Tableau du royaume du Loango au 19e siècle »in *Saison des Pluies*, n°5, p.170

dans cette partie en entrant aussitôt en contact avec les comptoirs arabes dont Sofala.

A la fin du XIIIe siècle, un chef bantu du nom de Nembire y installa un Etat solidement charpenté, qui entreprit la conquête des pays voisins. Ainsi se constitua le royaume de l' « Empereur d'or » ou Monomotapa[40], après deux cent ans de lutte et de conquête.

Le Monomotapa était riche en mines d'or qui passaient pour inépuisables. Il l'exportait sur Sofala, ainsi que l'ivoire et probablement des esclaves, dont les Arabes faisaient le trafic.

Le royaume avait aussi des mines de fer et de cuivre ; l'abondance du travail en témoigne.

A ces activités s'ajoutaient l'agriculture et l'élevage qui produisaient des céréales.

A la fin du XVe siècle, le Monomotapa se morcela et le Changa, son vassal se constitua au sud, autour de la vallée du Zambèze.

---

[40] Cf. Collection C A R A P 1967 : l'histoire de l'Islam au XVI ^e siècle, Paris, Nathan, p.101

Chapitre V

Apogée et déclin des royaumes africains

Les XIVe-XVe siècle et le milieu du XVII ^{e} siècle constituent pour la plupart des royaumes africains des périodes d'hégémonie politique et économique. Cependant, dans certain cas la splendeur du royaume fut de courte durée, car beaucoup ne traverserons que péniblement le très mouvementé XVIIIe siècle. On peut prendre ici l'exemple des royaumes du Soudan occidental, les royaumes Mossi. Les royaumes Mossi se divisèrent en deux royaumes, celui de Yatenga au nord, autour de Ouahigouya, celui de Ouagadougou au sud, ou Natenga où se constitua le premier empire Mossi autour d'un roi appellé Morho Naba.

C'est au XVe siècle que ces royaumes atteignent leur puissance maximum (apogée).

Les Mossi constituent dès lors autour des Morho Naba un Etat hiérarchisé, très bien organisé.

Il disposait d'un gouvernement dans lequel chacun des dignitaires ou ministres avait des attributions précises. Il y avait sept ministres importants :

- le « chef des chevaux » ou Ouidi Naba, qui comme son titre l'indique commandait les seigneurs Mossi servant dans la cavalerie.
- Le Larhalé Naba était ministre de la guerre.
- Le Gounga Naba était sous ses ordres.
- Le Baloum Naba était une sorte de ministre de l'intérieur, qui commandait les serviteurs du palais ;
- les femmes du Morho Naba étaient gardées par Kamsaogo Naba ;
- le Soré Naba dirigéait les joueurs de tambour qui accompagnaient les soldats en guerre ou rythmaient la journée du roi au palais.

- Enfin le Poé Naba était une sorte de magicien qui désignait à la justice les malfaiteurs, en les démasquant par des procédés magiques.

Dans l'ensemble, on note l'existence des Etats organisés qui pour certains vont fortement impressionnés les Européens dès leur arrivé sur les terres africaines. C'est aussi le cas du royaume de Bantu de Kongo.

Au plan économique, ces royaumes ont connu des relations commerciales. Chez les Mossi par exemple, une piste dès le XVe siècle, joignait Ouagadougou à Gao.

Une autre, partie de_Ouagadougou, descendait le cours de la Volta noire pour se rendre auprès des peuples de la forêt, où l'on se fournissait en cola, en ivoires, peut-être aussi en esclaves. Par Gao, les Mossi avaient un contact avec le grand commerce international. Ils achetaient des étoffes, des bijoux, des coquillages, du sel, du fer et du cuivre. Ils avaient aussi leurs propres artisans, qui travaillaient pour la consommation locale, notamment des forgerons, des bijoutiers et des tisserands. Très fier de leurs traditions et de leur organisation, les Mossi sont restés longtemps fidèles à leur passé, puisqu'on retrouve aujourd'hui encore, dans leur pays, la survivance du grand royaume des Morho Naba. Au Burkina Faso, le Morho Naba a aujourd'hui une influence morale et sociale considérable. Il est consulté à tout moment pour des questions qui engagent la vie nationale.

En Afrique occidental, la prospérité se rencontre aussi sur la côte méridionale, notamment au Dahomey et en Ashanti.

En Afrique centrale, les royaumes bantu sont actifs dans l'industrie du fer, ce qui leur permettra d'étendre leur autorité et leur prospérité. Au XVIe siècle par exemple, on commence à prendre connaissance des deux nouveaux ensembles régionaux prospères : la région des Grands Lacs d'une part, au niveau des actuels Rwanda-Burundi et Ouganda.

La fertilité des terres permet l'essor des royaumes assez puissants, dont certains formeront les embryons des Etats actuels.

Le deuxième centre de prospérité est situé dans le Katanga. L'empire Luba existait peut-être dès 1300. Il conduit à l'émergence de l'empire Lunda plus à l'ouest vers la fin du XVIe siècle. Ces deux empires vont être à l'origine de nombreux autres royaumes, fondés parfois très loin du cœur culturel.

Au royaume de Kongo, le trésor royal était garni par le monopole royal de l'exploitation par les femmes des mines de coquillages, les *nzimbous*, de l'île de Louanda, qui servaient de monnaie. Les gens du peuple étaient très industrieux : ils tiraient par exemple de certains gros poissons une huile qui, mélangé avec de la poix, leur servait pour calfater les embarcations.

Ils utilisaient avec beaucoup d'ingéniosité les cuirs d'éléphants abattus, pour confectionner des colliers très recherchés ; ils employaient diverses sortes de palmiers pour en tirer du vin, de l'huile, du vinaigre, des fruits …

Les luttes intestines, le contact avec les Européens dominateurs et le paroxysme de la traite négrière atlantique vont constitués des freins majeurs à l'essor complet des royaumes africains avant l'entame de leur déclin total pour certain et le rétrécissement de leur pouvoir et de leur espace pour d'autre qui ont survécu.

Les grands Etats de l'Afrique précoloniale avaient une bonne administration et étaient bien dirigé dans l'ensemble. Ces Etats n'avaient pas une base purement ethnique. C'étaient déjà en quelques sortes des pré-nations (micro-nations).

Ces royaumes dont certains connaitront un grand rayonnement et s'érigeront en grands royaumes et Empires Africains connaitront leur apogée autour du XIVe siècle avant de s'affaiblir et de décliner.

Les grands empires ou royaumes ne pouvaient plus se constituer à partir de la deuxième moitié du XVe siècle, car les populations s'étaient dispersées et s'étaient réfugiées à cause de la chasse à l'homme organisée par les Européens et certains chefs locaux pour capturer les esclaves.

Photo n° 7 : Une femme rurale avec un panier contenant divers objets

Source: Borcely Bazabidila

Photo n° 8: Poterie kongo, *Kuku*

Source : Borcely Bazabidila

Photo n° 9 : *Yuki*, **Gargoulette**

Source : Borcely Bazabidila

La parité des instruments monétaires montrèrent que toutes les monnaies qui circulèrent dans la zone téké n'avaient pas la même parité. Mais le *ngiele* eut plus d'influence que les autres monnaies, ce qui montrait sa durabilité spatio-temporelle.

Les cauris

Cette monnaie avait circulé dans la zone téké toujours dans le cadre des échanges commerciaux. Elle existait depuis des siècles comme monnaie dans le continent africain et finissait par devenir un élément important dans la civilisation. Les cauris étaient arrivés dans le bassin du Congo vers le XVIIe siècle par les marchands portugais mais sa diffusion n'avait pas pris d'ampleur comme le *ngiele*. La monnaie de cauris était plus répandue en Afrique occidentale, en Chine et utilisée dans les échanges depuis des logues dates. Les cauris avaient fini par laisser des traces exprimant la valeur de la monnaie.

En effet, R.Sedillot nous renseigne sur l'extension de cette ancienne monnaie qui était devenue presque planétaire. A ce propos il déclare :

> *De la côte orientale de l'Afrique, le cauri gagne l'intérieur du continent noir. Il pénètre au Sahara, au Soudan, atteint la Guinée, le Congo, l'Angola. Venu du pacifique, il débouche sur l'Atlantique. De la Polynésie à la Mauritanie, il embrasse la moitié du tour de la terre. Le cauri est bon à tout : joyau pour les dames et les princes, fétiche pour les sorciers, il sert à payer les esclaves et les denrées de l'Afrique à l'Asie. Pendant des siècles et presque des millénaires, il sera pour nombre des peuples le coquillage-roi, la monnaie-reine[41].*

Dans cet espace, ils sont appelés *Mbei* et se confondent souvent aux *Nzimbu*. R.Sedillot en dégage ici les grands traits :

> *C'est un petit coquillage blanc jaune-clair du genre porcelaine, que recueillent avant ou après les marées, les indigènes des iles Maldives et Laquedives, dans l'océan indien. La pêche est souvent confiée aux femmes qui entrent dans l'océan jusqu'à la ceinture et ramassent les luisants coquillages dans le sable de la mer. On en trouvera aussi plus tard en Philippines et dans la lointaine Polynésie aux iles Tonga[42].*

---

[41] R. Sedillot, 1964, *Histoire des marchands et des marchés*, Paris, Fayard, P.38.
[42] R.Sedillot, 1964, *op cit*, P.36.

Photo 11 : les *Nzimbo*u, cauris

Source : B.Goulamiélé, *op.cit, p.83.*

Photo 12 : les cauris

Source : B.Goulamaiélé, *op.cit*, p.78.

Chapitre V

L'Afrique a une Histoire

1- Le rôle de l'histoire dans la société

La Science historique se présente aujourd'hui comme une discipline carrefour. D'où son rôle prépondérant dans la vie de l'homme des sociétés et de toute l'humanité. Dès le départ, Hérodote posait déjà le postulat qui devait donner à l'histoire tout son sens et son utilité :

Hérodote présente ici les résultats de son enquête, afin que le temps n'abolisse pas les travaux des hommes et que les grands exploits accomplis par les Grecs… ne tombent pas dans l'oubli…[43]

Depuis Hérodote jusqu'à la période contemporaine, l'histoire a évolué tant du point de vue de son contenu que dans ses méthodes. Depuis le départ en effet, cette science vise à forger ses spécialistes et ses adeptes ou tous les autres acteurs à plus de rigueur dans l'analyse, plus de curiosité dans l'enquête, à rechercher davantage les causes et les effets des évènements que l'on rapporte. Tous aspects affichent déjà les qualités de l'historien : intérêt universel, le souci d'impartialité, une démarche rationnelle, un sens critique. On peut déjà percevoir le type d'homme et de société que peut forger cette science.

Ainsi, dans tous les pays du monde, nous trouvons des spécialistes de l'histoire que l'on appelle des historiens, et autour de ce métier se greffent plusieurs autres métiers tous utiles pour un développement harmonieux.

Un historien est une personne qui étudie ou communique sur l'histoire. Il a ainsi pour tâche, de rapporter des faits passés, de les catégoriser,

---

[43] Hérodote, 1964, *L'Enquête*, Livre I, 1, 5, trad. A. Barquet, éd. Gallimard, Coll. « Folio Classique »

puis d'en proposer une interprétation équilibrée et justifier par des sources, sous le contrôle du public informé[44]. Un historien c'est celui qui exerce un métier reconnu comme tel par la société mais aussi par ses pairs. Cette identification apparait au XVIIIe siècle dans les pays anglophones et germanophones. En France, la définition d'une méthode historique à la fin du XIXe siècle est une étape clé.

Les connaissances historiques s'acquièrent à travers l'étude. Ce savoir est reçu de façon progressive. Marc Bloch se définit ainsi comme « un artisan, vieilli dans le métier ».

Parler du rôle de l'histoire dans la société, reviens aussi à définir la mission sociale de l'historien et dégager les possibles finalités culturelles, intellectuelles ou morales de cette science. Dans ce contexte, la question de la place de l'histoire dans les sociétés relève tant de la sociologie, de la science politique, de la philosophie que de l'histoire elle-même et de l'historiographie.

L'histoire est un élément incontournable de la mémoire collective d'une nation. Elle sert de point de référence, de socle commun sur lequel se construit l'identité d'un groupe social. Dans cette perspective, il est donc évident qu'elle est un enjeu politique important. Le culte des héros nationaux par exemple, reste également une façon de mettre en valeur certains pans de l'histoire au service d'une idéologie politique ou plus simplement pour façonner un socle de références culturelles autour desquelles le peuple peut se rassembler. En France par exemple, l'histoire est devenue depuis plusieurs siècles déjà, une institution jouant un rôle prépondérant dans la construction nationale. C'est ce qui fait que le patrimoine historique et culturel soit conservé avec soins. Cet atout fait aussi de la capitale française, Paris, la première destination touristique du monde.

Abraham Constant Ndinga Mbo avait compris cela très tôt lorsqu'il affirme pour le cas du Congo :

---

[44] Olivier Dumoulin, Le rôle social de l'historien, conférence académique

Pour restaurer aujourd'hui la conscience historique congolaise, pour lutter contre l'aliénation cognitive à l'égard du passé congolais, il est urgent de décoloniser l'histoire, de promouvoir une histoire scientifique qui seule, peut mieux nous préparer à l'action et assurer la réalisation pratique de notre nation en devenir[45].

Dans le même sens, les Historiens Africains ayant comme crédo, le réveil et le développement de l'Afrique, avaient créé une revue pour mieux faire connaître l'histoire décolonisée de l'Afrique. Cette revue porte le nom d'Afrika *Zamani*.

Comme on peut bien le constater, l'histoire joue un rôle important dans la formation de la conscience nationale et de l'édification d'une nation.

C'est pour cette raison que l'on affirme souvent qu'un « peuple sans histoire est un peuple sans âmes ».

L'histoire en effet permet à l'homme de connaître le passé pour mieux vivre son présent et faire une projection dans l'avenir. Aussi toute la création se situe telle dans cette dynamique qui se résume dans ce triptyque : Passé- présent-futur ou hier, aujourd'hui et demain.

Elikia M'bokolo l'avait si bien affirmé déjà ci-dessus : *celui qui ignore son passé vit mal son présent et n'a pas d'yeux pour l'avenir.*

Pour Abdel-Malek (Egypte), *c'est dans la durée que la spécificité d'une formation nationale s'affirme et c'est dans la continuité historique que les éléments constitutifs de la nation s'appuieront pour s'articuler entre*

---

[45] A. C. Ndinga-Mbo, 1993, « Histoire et Anthropologie », *Cahiers Congolais d'Anthropologie et d'Histoire,* Brazzaville, FLSH, p.12.

eux. La « profondeur du champ historique » poursuit-il, pourrait être aussi exprimée, croyons-nous, par la conscience de la continuité[46].

Il nous semble que les liens tissés entre une communauté et le paysage qu'elle habite, représentés souvent dans des mythes et des comportements intériorisés, peuvent aussi fonder cette conscience.

Avant les indépendances et la cristallisation des frontières actuelles, le sentiment d'une identité africaine, basé sur un substrat culturel, mais surtout sur les conditions historiques et économiques qui unifiaient la majeure partie du continent, a donné naissance à la constitution d'idéologies qui exprimaient cette communauté de destin. Même si les principales d'entre elles, telles le panafricanisme ou le mouvement culturel de la Négritude, ont jailli à l'extérieur de l'Afrique, c'est l'Afrique qu'elles concernent au premier chef.

Ainsi, la diaspora séculaire africaine, emmurée aussi bien dans sa condition que dans sa couleur par l'exploitation dont elle était l'objet et qui se donnait l'alibi d'une prétendue supériorité culturelle et raciale, s'est tout naturellement tournée vers ses lointaines racines et, par une réaction logique, a valorisé cette partie d'elle-même qui était objet de mépris. La formation de la conscience nationale est basée sur le sentiment de commune appartenance, lui-même fondé sur l'histoire commune, l'unité culturelle et l'intégration économique. La conscience nationale en rapports dialectiques avec ces éléments, intervient de manière dynamique dans le processus de formation de la nation.

Depuis les années 1970, l'UNESCO en collaboration avec les historiens africains a amorcé un vaste programme de rédaction d'une histoire générale de l'Afrique. Toutes les étapes de la réalisation de ces volumes devaient tenir compte du rôle de l'histoire dans la construction d'une identité et dans l'appréhension des liens communs qui soutiennent la diversité culturelle de chaque région conformément à

---

[46] M. Eliou, 1977, *La formation de la conscience nationale en République populaire du Congo*, Paris, Editions Anthropos, pp. 28-29

l'un des objectifs mis en place par les initiateurs de l'histoire de l'Afrique. Depuis le début jusqu'à nos jours, le projet établi par l'UNESCO donne une formidable opportunité de développer une vision panafricaine en mettant en brochure l'utilisation pédagogique de l'histoire de l'Afrique. L'Afrique étant le berceau de l'humanité, éclairer les pans de son histoire contribuera à éclairer davantage l'histoire de l'humanité en vue de son développement intégral.

L'histoire contribue a porté au monde et à toute la communauté scientifique, le savoir emmagasiné sur les vieilles civilisations et les plus récentes qui ont légués à la postérité un héritage incommensurable qui continu à renseigner toutes les générations. C'est ce à quoi s'occupe l'UNESCO, à travers la sauvegarde du patrimoine mondial. Tous ces programmes mobilisent des hommes et des moyens.

Nous avons noté aussi que c'est au XIXe siècle qu'apparaitront en France les grands établissements d'enseignement de l'histoire et à partir de là, il y a naissance des corps de métiers : professeurs, Archivistes, conservateurs, Muséologues, Anthropologues, Archéologues, guides…

Le combat de Cheikh Anta Diop a consisté à montrer à la face du monde le rôle joué par la race noire dans la construction historique de l'humanité. Dans ces conditions, l'Afrique ne pouvait plus être considérée comme un continent anhistorique comme le prétendaient certains auteurs dont Hegel et plus récemment le Président Nicolas Sarkozy dans son discours à Dakar.

Si l'on prend en compte les arguments de Cheikh Anta Diop, on peut donc relever aussi que l'Afrique a beaucoup donnée à l'humanité à travers la civilisation égyptienne ou encore à travers bien d'autres qui ont émerveiller l'histoire de l'humanité à travers le génie de leurs peuples.

L'histoire en définitive se trouve au carrefour de plusieurs sciences. C'est pour cela qu'on a par exemple l'histoire économique, l'histoire militaire, l'histoire de l'art, l'histoire politique, l'histoire culturelle et sociale, l'histoire des mentalités, l'histoire des institutions…

Depuis Hérode jusqu'à nos jours, les sciences historiques se sont construites patiemment en passant par des hauts et des bas. Son évolution a subit les différentes étapes de l'évolution de l'humanité. Grâce aux recherches et aux connaissances académiques, les historiens sont parvenus à perpétuer cette mémoire de l'humanité depuis les formes les plus archaïques jusqu'aux plus récentes. Sans l'histoire, les hommes ne seraient pas capables de tirer les leçons du passé pour réajuster le présent et envisager l'avenir avec optimisme. Elle se présente dès lors comme un rétroviseur dans une voiture. Au centre de cette science se trouve l'homme, acteur principal dans la transformation de son milieu et donc du progrès.

2- L'historiographie africaine

L'historiographie implique la manière d'écrire l'histoire. C'est « l'art » d'écrire l'histoire impliquant une idéologie, une vision, une philosophie de la part de l'historien. Ce qui donne naissance à des systèmes historiques, c'est-à-dire à de vastes synthèses intellectuelles qui tentent d'expliquer le passé universel de l'humanité, le passé humain global.

Pour le cas présent, c'est la manière d'écrire l'histoire de l'Afrique. Car de la façon de l'écrire et de la méthodologie adoptées, dépendent les résultats qui permettent d'éclairer certains pans nos encore élucidés de l'histoire de l'Afrique. Une grande partie de l'histoire de ce continent reste encore méconnue tant, les fouilles archéologiques qui devraient nous fixé de façon convaincante ne semble pas encore été effectuées.

Cheikh Anta Diop affirme dans ce paragraphe :

> *Les Africains , pourvu qu'ils soient vigilants et qu'ils conservent leur « optimisme atavique », peuvent redevenir maîtres et possesseurs de leur passé historique et redimensionner l'Afrique dans la perspective*

du temps historique , opérant ainsi un tournant décisif dans l'historiographie africaine.

La finalité ultime, la valeur pratique d'un tel accomplissement sera entre autres, que les peuples d'Afrique retrouvent et renforcent-leur commune identité culturelle et parviennent à une « Renaissance de l'Afrique »[47].

L'écriture de l'histoire africaine devrait répondre à ce postulat. En effet, l'ensemble du continent africain ressemble encore aujourd'hui à un champ non encore défriché. Dans ces conditions, le travail des chercheurs est immense dans ce sens qu'ils doivent s'investir bec et ongle pour apporter des informations fiables sur des sociétés africaines et civilisations africaines entières dont l'histoire demeure encore inconnue.

Nous pouvons rejoindre ici Lucien Febvre qui affirme :

L'histoire se fait avec des documents écrits sans doute quand il y en a. Toutefois, elle peut se faire, elle doit essayer de se faire, à tout prix, sans documents écrits s'il n'en existe point. Tout ce qui étant de l'homme, dépend de l'homme, sert à l'homme, exprime, signifie la présence, l'activité, la façon d'être de l'homme. Tout cela est document pour l'histoire[48].

Les spécialistes de l'histoire de l'Afrique doivent s'armer de tous les instruments possibles capables de les aidés à la reconstitution de la vérité historique du continent. C'est là une tâche et une mission noble et un service à rendre aux générations présentes et avenir.

Ces mêmes sociétés et civilisations de l'Afrique noire précoloniale ont été connues pour certaines, grâce aux écrits des navigateurs, commerçants, missionnaires et

---

[47] Cheick Anta Diop cité par J. Fonkoué, 2004, *Cheickh Anta Diop au carrefour des historiographies*, Paris, L'Harmattan, p.39.
[48] L. Febvre, 1949, *Revue de métaphysique et de morale*, France, T. IV. P. 62.

d'autres marins Européens. Mais on relève dans ces écrits parfois une description erronée et partielle de la réalité.

Par conséquent, l'historiographie africaine aujourd'hui devrait se donner pour mission, le relèvement de ce défi.

Dans ce sens, la vision réductionniste des auteurs comme Hegel, Levy Brulh, François- Xavier, Jean Pierre Chrétien et bien d'autres, n'aura plus droit de citer. D'ailleurs de nombreux travaux de chercheurs Africains et non Africains ont fini déjà par battre en brèche cette thèse selon laquelle, *l'Afrique n'est pas une partie historique du monde. Elle n'a pas de mouvement, de développement à montrer, de mouvements historiques en elle (...) Ce que nous entendons précisément par l'frique est l'esprit anhistorique, l'esprit non développé encore enveloppé dans les conditions de naturel*[49].

Il est évident qu'il n'y a aucune société humaine au monde où les hommes ne laissent aucun héritage ou un souvenir à la postérité.

La problématique de l'écriture de l'histoire de l'Afrique est une préoccupation majeure qui nécessite une réponse adaptée à la réalité africaine. En effet, nul ne saurait mieux connaitre la tradition africaine que l'Africain lui-même.

Au nombre de sources que valorise le chercheur sur l'histoire de l'Afrique, il y a, la tradition orale qui contient les proverbes, des récits, des contes, des légendes, des témoignages, des causeries…Les détenteurs de cette tradition orale sont les vieillards. C'est pour cette raison qu'Amadou Hampaté Ba affirme *qu'en Afrique un vieillard qui meurt, c'est toute une bibliothèque qui brûle.*

Bien évidemment, l'étude des sociétés de l'Afrique noire précoloniale n'est pas une tâche facile pour les chercheurs et historiens Africains. Ce qui veut dire que, la notoriété de l'historiographie africaine résultera de la reconstruction authentique de la conscience historique africaine. Cette logique historique africaine permet de

---

[49] Hegel cité par J. Ki-Zerbo, 1972, *L'histoire de l'Afrique noire d'hier à demain*, Paris, Hatier, p.10.

reconnaitre avant tout, la richesse du passé africain, ses brillantes civilisations organisées en chefferies, royaumes et empires.

L'explorateur allemand, Barth soutiendra cette thèse contrairement à Hegel.

En effet, de 1850 à 1856, réalisant ses prodigieuses explorations au Sahara et au Soudan, après avoir découvert le manuscrit du Tarikh es- Soudan à Gwandou, ce dernier rapporte à l'Europe que :

Les peuples noirs ont eux aussi une histoire et une civilisation intéressante[50].

Ces éléments révélateurs sur les sociétés et civilisations de l'Afrique noire ont suscités chez Léo Frobenius une admiration que Georges Balandier à traduit dans une étude portant sur la *vie quotidienne au royaume de Kongo*.

Et à cet auteur de relever que :

> *Plus au sud, dans le royaume du Kongo, une foule grouillante, habillée de « soie » et de « velours », de grands Etats bien ordonnés, et cela dans les moindres détails, des souverains puissants, des industries opulentes, civilisés jusqu'à la moelle des os ![51]*

Nous avons là bien sûr, un exemple de ce que représente une de ces sociétés et civilisations de l'Afrique noire précoloniale. Toute l'Afrique regorge de cette façon des sociétés et civilisations qui ont léguée à l'humanité un héritage impressionnant. D'autres encore demeurent de nos jours inconnues fautes de recherches approfondies.

Il faut dire que, les sociétés africaines bien que basées essentiellement sur l'oralité, ne manque pas cependant de quelques sources écrites, bien que rares.

---

[50] Barth cité par C. Kinata, 2013, *Les rivalités politiques dans le monde contemporain*, Brazzaville, Université Marien Ngouabi, ron. P.13.
[51] G. Balandier, 1965, *La vie quotidienne au Royaume de Kongo du XVIe au XVIIIe siècle*, Paris, Hachette, pp.5-6

Il ressort de l'analyse de certains chercheurs et historiens africains que, les sources écrites de l'histoire de l'Afrique sont reparties en quatre rubriques :

- Les sources classiques de l'Antiquité,
- Les sources arabes du Moyen-âge,
- Les sources modernes des voyageurs et explorateurs et,
- Les sources dites archives de l'administration coloniale à partir de l'occupation effective.

L'histoire de l'Afrique noire précoloniale a été rédigée presqu'exclusivement à partir des sources classiques de l'Antiquité et des sources arabes[52].

Ces sources sont en effet considérées comme les plus importantes parce qu'elles sont susceptibles d'éclairer les plus grandes zones d'ombre de l'histoire de l'Afrique et redonnent cette dernière, le caractère purement scientifique.

L'histoire de l'Afrique est écrite en faisant recours aux langues locales africaines et aussi aux langues étrangères. Pour illustration, nous pouvons citer, la production des œuvres en langue Guèze découvertes dans le monde éthiopien christianisé, les écrits en langue bamoum au Cameroun et d'autres documents en langue arabe au Soudan. D'autres sources écrites sont bien entendu en langue étrangères comme le français, l'anglais, le portugais et l'italien.

De façon générale, l'histoire précoloniale de l'Afrique se retrouve compilée dans les archives, les récits des voyages et dans les documents de presse. Qu'il s'agisse du monde francophone ou lusophone, le constat est le même.

Toutes les sources écrites de l'histoire précoloniale et coloniale de l'Afrique, se retrouvent de nos jours, éparpillées dans tous les coins du monde. D'où l'impérieuse nécessité de rassembler ces éléments de la mémoire collective africaine en dispersion, pour éclairer un jour l'humanité sur les aspects non encore élucidés.

---

[52] C. Anta Diop, 1983, *Antériorité des civilisations nègres, mythe ou vérité historique*, Paris, Présence Africaine, p. 202.

Quelques archives de l'Afrique version anglaise se trouvent conservées par exemple au Ghana et au Nigeria. D'autres archives de l'Afrique orientale, australe et occidentale version française, sont gardées à Dakar au Sénégal.

Cependant, la grande partie des archives relative à l'histoire de l'Afrique équatoriale française (AEF), a été rapatrié en France. Dans l'ensemble, ces documents sont gardés à la section d'outre-mer des archives nationales ou au dépôt d'Aix-en-Provence[53].

Dans cette même lancée, Cheikh Anta Diop relève :

> *Ce sont des tonnes de documents qui ont disparu. Et, peut-être que ces manuscrits, dont les étudiants de l'époque ont fait plusieurs copies, dorment dans quelques vestiges de bibliothèques héréditaires et ignorées, du Soudan (Mali). Il y a donc lieu de rechercher des documents jusque dans les archives et bibliothèques de l'Afrique du Nord, de l'Espagne et du Portugal, de l'Egypte et de Bagdad et peut - être dans les annales chinoises[54].*

Les sources écrites restent certes les sources sûres de l'histoire, mais l'historiographie africaine s'appuie désormais sur une autre source incontournable aujourd'hui dans ces sociétés, la tradition orale.

En effet, en Afrique, la tradition orale demeure une véritable source d'information. Le plus souvent, les dépositaires de cette science sont les anciens. Les informations mises à la disposition du chercheur résultent soit d'une expérience vécue par l'ancien lui-même, soit de celle de ses ancêtres.

C'est pour cela que l'initiation joue dans cette société un rôle important. La transmission du savoir ou de la sagesse de génération en génération, c'est-à-dire des anciens aux cadets, se fait dans un cadre approprié et réservé désigné :

---

[53] A. C. Ndinga Mbo, 2003, *Pour une histoire du Congo Brazzaville : Réflexion et méthodologie*, Paris, L'Harmattan, p.69.
[54] C. Anta Diop, *op. cit* ; pp. 202-203

Mbongui, Kandza, Olèbè, le corps de garde. Cet espace est le lieu idéal où se réunissent les hommes dans le village, non seulement pour partager les repas, mais aussi et surtout pour un échange d'expériences ou encore pour instruire les jeunes dans divers domaines de la vie quotidienne. Cet espace devient ainsi, un lieu par excellence de la transmission des connaissances.

Placé au centre du village, cet espace est aussi, le cadre de consolidation de l'unité du clan ou du groupe. C'est une maison commune où on apprend les vertus de la vie en société : le partage, le sens de la compassion, le sens de la justice, la réconciliation et le pardon comme le soutien Adolphe Tsiakaka :

> *Le Mbongui est le lieu central dans les villages, lieu de rencontre des hommes mais aussi lieu de rencontre avec les ancêtres. Là, on y traite des questions diverses sans l'ordre du jour définis, à bâtons rompus. Souvent des problèmes les plus importants sont soulevés et des solutions sont proposées à tour de rôle.*
>
> *Tout ce qui se dit nourrit l'expérience des jeunes gens présents et parfois certains propos sont tenus à leur intention, pour servir à leur éducation[55].*

Dans ce sens, la littérature orale dans les sociétés africaines, restent l'œuvre de toutes les composantes de l'ensemble des peuples noirs africains. Théophile Obenga va dans le même sens lorsqu'il affirme :

> *La littérature orale est celle faite des proverbes et dictons, des chants de métier*
>
> *(chasseurs et piroguiers), des mélodies d'obsèques, des chassons folkloriques et rituelles, des chassons pour les jumeaux, les initiations et pour les cérémonies de mariages. A cette liste s'ajoutent les contes et les fables[56].*

Dans ces sociétés les anciens étant les dépositaires de la parole et de la sagesse, ils demeurent au sommet de la pyramide sociale. Ils constituent la catégorie des

---

[55] A. Tsiakaka, 2010, *Le dialogue au cœur de la vie du Cardinal Emile Biayenda*, Strasbourg, AAE, pp.17-18

[56] T. Obenga, 1977, *Le Zaïre : civilisations traditionnelles et culture moderne*, Paris, Présence Africaine, p.208.

gouvernants. Ce sont des hommes reconnus pour leur influence, leur statut social et leur parfaite connaissance des codes sociaux et des principes juridiques.

Leur travail de régulateur des normes sociales s'effectue dans ce corps de garde.

Par exemple, la composition interne du corps de garde chez les Sundi de Boko-Songho (Congo), comprend plusieurs éléments chargés de sens et de symboles comme :

- Le foyer constitué de trois grosses pierres ou termitières et du bois pour le feu qui sert à la cuisson des mets,
- La claie ou *kitalaka* faite de nervures de palmes. Celle-ci est attachée et suspendue sur l'axe principal de la toiture. C'est là que les femmes viennent déposer la nourriture et d'autres provisions destinées aux hommes qui fréquentent cet espace. Cette claie fait donc office de garde à manger,
- Les morceaux de tronc d'arbre qui servent de banc et de longues chaises en peau d'animaux appelées *tanawa* pour les anciens,
- Le tambour à fente ou balafon *(Nkooko)*, avec lequel on transmet divers messages. Il sert également à rentrer en contact avec les esprits,
- Les paquets et calebasses contenant toutes sortes d'objets, suspendus sur les versants intérieurs du corps de garde : semences, têtes de serpent accrochées à un morceau de bois, cornes et peaux d'animaux et quelques potions,
- Les canaris de 5 à 6 litres pour la réserve d'eau[57].

Comme on peut le constater, la connaissance et la réussite dans l'historiographie africaine, nécessite de nouvelles approches qui donnent au chercheur la possibilité d'acquérir de meilleurs résultats par la découverte de nouvelles méthodes efficaces d'investigation. En dépit de l'importance des sources orales dans l'historiographie africaine, celles-ci ne manquent pas de limites.

---

[57] G. Bassina Ndangani, 2015, *Le corps de garde dans la société sundi de Boko-Songho du XVIIIe au XXe siècle,* Mémoire de Master d'histoire, Brazzaville, Université Marien Ngouabi, p.37.

Pour bien mener cette recherche de fond, l'historiographie africaine devrait prendre en compte l'interdisciplinarité, c'est-à-dire, l'apport des autres sciences connexes à l'histoire.

L'interdisciplinarité est l'art de faire travailler l'ensemble de personnes issues de diverses disciplines scientifiques. La démarche vise à parvenir à un but commun en confrontant différentes approches.

Les sciences humaines constituent l'ensemble des disciplines qui se donnent pour objet d'étude, divers aspects de la société humaine. On les met en contraste avec les sciences dites exactes, en raison de leur statut épistémologique spécifique bien que nul science ne soit exempte de scepticisme et véritablement exacte au sens de la réalité. Les sciences humaines ont pour objet d'étudier les cultures humaines, leur histoire, leurs réalisations, leurs modes de vie et leurs comportements individuels et sociaux, tan disque, les sciences sociales se penchent sur l'étude des sociétés humaines.

La contribution des autres sciences humaines à côté de l'histoire est très considérable qu'on ne saurait les laisser de côté.

Les sciences humaines complémentaires sont appelées des sciences auxiliaires de l'histoire.

Avec celles-ci, l'historien fait ce que l'on appelle le croisement des sources .C'est la pluridisciplinarité. Claude Lévi-Strauss invitait, au nom de la méthode du bricolage, à établir des connexions entre l'Anthropologie, la Linguistique, la Littérature, l'Art, la Psychologie, le Droit   Religion…

De son côté, Edgard Morin nous incite au-delà même de la *transdisciplinarité*, à « écologiser les disciplines » en tenant compte de « tout ce qui est contextuel y compris des conditions culturelles et sociales »et en adoptant parfois un point de vue » méta disciplinaire », et de citer Blaise Pascal qui, selon lui, en aurait été le précurseur.

Cet apport des sciences humaines et sociales est indéniable, ce qui a poussé l'UNESCO à mettre en place une stratégie de l'Unesco pour les sciences sociales et humaines dont celle de cette année 2010-2011. En effet, chargé de bâtir la paix par l'éducation, la culture et la science, l'Unesco a toujours conjugué cette dernière au pluriel, prenant autant en compte les sciences naturelles que les sciences sociales et humaines.

Comptant parmi les 5 grands programmes d'intervention de l'organisation, le programme des sciences sociales et humaines a pour mission de « faire avancer la connaissance, les normes et la coopération intellectuelle afin de faciliter les transformations sociales porteuses des valeurs universelles de justice, de liberté et de dignité humaine ».

Ce mandat lui confère un rôle de « laboratoire d'idées » selon les experts et, dans un contexte de crise multidimensionnelle, l'invite plus que jamais à fonctionner comme un véritable Think-Thank pour les, nations.

Lors de la 35e conférence générale de l'Unesco, qui s'est tenue en octobre 2009, ses 193 Etats membres n'ont d'ailleurs pas manqué de le souligner, chargeant le secteur des sciences sociales et humaines de « répondre à la crise économique, financière et écologique et de travailler sur leurs implications éthiques. »[58]

Les sciences humaines sont en effet des disciplines ayant pour objet l'homme et ses comportements individuels et collectifs passés et présents .On peut citer :

-L'Archéologie ;

-la Géographie ;

-l'Economie ;

-la Linguistique ;

-l'Anthropologie ;

-la Sociologie …

---

[58] SHS regards, stratégie de l'Unesco pour les sciences sociales et humaines en 2010-2011, p.2.

Ces disciplines très spécialisées fournissent aux historiens les matériaux de leurs synthèses. Ce sont de véritables spécialités indépendantes.

Les spécialistes de l'historiographie africaine doivent ainsi mettre à profit cette interdisciplinarité pour une meilleure exploitation des données que nous offrent ces différents champs de la recherche. C'est pour cela que le recours aux autres sciences telles que :

- la Paléographie, science qui enseigne à lire les écritures des documents et à déchiffrer les abréviations ;
- l'iconographie, science qui étudie les épigraphes ou épitaphes, c'est-à-dire des inscriptions portées sur une matière durable (pierre, métal, tombeau…) ;
- l'Onomastique, science qui étudie les noms propres ;
- la Toponymie, science qui étudie les noms des lieux ;
- l'Anthroponymie, science qui étudie les noms des personnes ;
- la Chronologie, science qui détermine l'exactitude des dates et leur ordre ;
- la Généalogie, science qui reconstitue les familles ;
- la Numismatique, centrée sur les monnaies ;
- la Prosopographie, science destinée à l'étude des biographies ;
- la Céramologie, science qui étudie les céramiques anciennes …

Dans ce sens, l'heuristique, du grec *heuriskein*, qui signifie « trouver », demeure la partie de la discipline historique qui se donne pour objectif, de définir les règles et les principes de la recherche et de la découverte des sources, capables de fournir des informations historiques neuves.

Ce qui fait qu'il est important pour un historien de posséder, une certaine culture générale solide, un certain bagage utile donc à son métier.

Conclusion

A travers cette étude synthèse sur les sociétés et civilisations de l'Afrique noire précoloniale, nous avons voulu montrer que celles-ci ont existées et existent encore sous une forme en dépit des influences modernes. Les sociétés et civilisations ont légué à l'humanité un grand héritage. Certains grands centres, lieux de mémoire, œuvres d'art, que l'on trouve en Afrique, témoignent de la richesse de cet héritage.

Contrairement aux thèses qui ont soutenu que l'Afrique est un continent sans histoire, elle a bien une histoire qui peut s'écrire et se lire à travers la vie de ces sociétés et civilisations même si, une grande partie de son patrimoine a subit une destruction à cause des siècles obscurs de son histoire.

Le berceau de l'humanité n'a certainement pas encore finit de faire des surprises agréables à notre humanité dans la mesure où l'Archéologie n'a pas encore donner tous les résultats escomptés sur ces sociétés et civilisations.

BIBLIOGRAPHIE

Amengual, 1975, *Une Histoire de l'Afrique est-elle possible ?* Dakar, Les Nouvelles Editions Africaines

Dumoulin O., Le rôle social de l'historien, conférence académique

Cheikh. Anta Diop, 1983, *Antériorité des civilisations nègres, mythe ou vérité historique*, Paris, Présence Africaine

Balandier G., 1965, *La vie quotidienne au Royaume de Kongo du XVIe au XVIIIe siècle*, Paris, Hachette

Bassina Ndangani G, 2015, *Le corps de garde dans la société sundi de Boko-Songho du XVIIIe au XXe siècle,* Mémoire de Master d'histoire, Brazzaville, Université Marien Ngouabi

Bauman et Westerman, 1962, *Les peuples et les civilisations de l'Afrique*, Paris, Payot

Bruyas, *2001, Les sociétés traditionnelles de l'Afrique Noire,* Paris, L'harmattan

Brunschwig H., 1985, *Brazza, explorateur de l'Ogoué 1875-1879,* Paris, Mouton, p.215.

Collection C A R A P, 1967 : *l'histoire de l'Islam au XVIe siècle*, Paris, Nathan, p.101

DEVISSE J., 1987, *Collection d'Histoire Hatier, du VIIe au XVIe siècle*, Paris

Eliou M., 1977, *La formation de la conscience nationale en République populaire du Congo*, Paris, Editions Anthropos

Febvre L., 1949, *Revue de métaphysique et de morale*, France, T. IV

Fonkoué Jean, 2004, *Cheikh Anta Diop au carrefour des historiographies*, Paris, L'harmattan

Greindl Léopold, *L'Afrique Noire, de la préhistoire à l'aube du XIXe siècle*, Etudes scientifiques, Lubumbashi, Université Nationale du Zaïre

[1] **Goulamiélé B** ., 2009, *la monnaie dans la civilisation teke du XVIe au XXe siècle*, Brazzaville, Thèse de doctorat, 3e cycle

Hérodote, 1964, *L'Enquête*, Livre I, 1, 5, trad. A. Barquet, éd. Gallimard, Coll. « Folio Classique »

Hubert Deschamps (Sld), 1970, *Histoire Générale de l'Afrique Noire, de Madagascar et des Archipels*, Paris, PUF

Kinata C., 2013, *Les rivalités politiques dans le monde contemporain*, Brazzaville, Université Marien Ngouabi, ron.

Ki-Zerbo J., 1972, *L'histoire de l'Afrique noire d'hier à demain*, Paris, Hatier

Ki-Zerbo J., 1978, *Histoire de l'Afrique noire*, Paris, Collection d'Histoire Hatier

Mbiti Joseph, 1972, *Religion et Philosophie africaine*, Yaoundé, Edition Clé

Olivier Dapper, 1686 (Traduction française), *Description de l'Afrique et de ses contrées environnantes*, Amsterdam, Chez Wolgang Waesberg

Marie Claude Dupré et Pinçon, 1949, *Métallurgie et Politique en Afrique centrale*, Paris Karthala

Ndinga Mbo A. C., 2003, *Pour une histoire du Congo Brazzaville : Réflexion et méthodologie*, Paris, L'Harmattan

Ndinga Mbo A. C., 1984, *introduction de l'histoire des migrations au Congo Brazzaville*, Editions Bantoues

Ndinga-Mbo A. C., 1993, « Histoire et Anthropologie », *Cahiers Congolais d'Anthropologie et d'Histoire,* Brazzaville, FLSH

Ngoie-Ngalla D., 2007, « Tableau du royaume du Loango au 19ᵉ siècle »in *Saison des Pluies*, n°

Yekoka Jean Félix (Sld), 2016, *Sociétés et savoirs endogènes*, Brazzaville, Les Editions Hemar

Obenga T. (Sld), 1989, *Les Peuples Bantu Migrations, Expansion et identité culturelle*, Paris, L'harmattan

Obenga T., 1977, *Le Zaïre : civilisations traditionnelles et culture moderne*, Paris, Présence Africaine

Ollandet J., 1981, *Les contacts Teke-Mbosi, essai sur les civilisations du bassin du Congo*, Thèse de doctorat du 3ᵉ cycle, Montpellier

Ognami E. 1993, « Les civilisations traditionnelles. Aspects méthodologiques », *Cahiers Congolais d'Anthropologie et d'Histoire*, Brazza   ville, FLSH

Okouya-Mbani N, 2005, *Mémoire d'un Kukuya, Essai et Recueil*, Marseille-France

Sah Z., 2017, *Le peuplement du Bassin du Congo et son impact le cas des Teke et de leurs voisins Kongo et Ngala au Congo Brazzaville*, Beau Bassin, Editions Universitaires Européennes

 SAH Z., 2013,Médecine *Traditionnelle et société chez les Küküa(Teke du Congo) XVIIIᵉ-XXᵉ siècles*, Thèse de doctorat Unique.

Sedillot R., 1964, *Histoire des marchands et des marchés*, Paris, Fayard, P.38.

Tsiakaka A., 2010, *Le dialogue au cœur de la vie du Cardinal Emile Biayenda*, Strasbourg, AAE

Zabalo Xavier (S. J.), 1996, *Art Nègre*, Kinshasa, Centre de Recherches Pédagogiques